L'ANXIÉTÉ : LE CANCER DE L'ÂME
est le quatre cent vingt-troisième livre
publié par Les éditions JCL inc.

Catalogage avant publication de Bibliothèque et Archives nationales du Québec et Bibliothèque et Archives Canada

Reid, Louise, 1950-

L'anxiété : le cancer de l'âme

(Collection Psy populaire)

ISBN 978-2-89431-423-4

1. Psychothérapie - Ouvrages de vulgarisation. 2. Psychopathologie - Ouvrages de vulgarisation. 3. Angoisse - Ouvrages de vulgarisation. I. Titre. II. Collection: Collection Psy populaire.

RC480.515.R44 2010 616.89'14 C2010-941182-X

Édition originale : août 2010
Première réimpression : septembre 2010

L'ANXIÉTÉ

Le Cancer de l'âme

Les éditions JCL inc.
930, rue Jacques-Cartier Est, Chicoutimi (Québec) Canada G7H 7K9
Tél. : (418) 696-0536 – Téléc. : (418) 696-3132 – www.jcl.qc.ca
ISBN 978-2-89431-423-4

LOUISE REID

L'ANXIÉTÉ

Le Cancer de l'âme

ESSAI

LES ÉDITIONS JCL

Nous reconnaissons l'aide financière du gouvernement du Canada par l'entremise du Fonds du livre du Canada pour nos activités d'édition. Nous bénéficions également du soutien de la SODEC et, enfin, nous tenons à remercier le Conseil des Arts du Canada pour l'aide accordée à notre programme de publication.

Gouvernement du Québec – Programme de crédit d'impôt pour l'édition de livres – Gestion SODEC

Je dédie ce dixième livre à la femme que je suis devenue en soixante ans,
qui possède une résilience dont elle est aujourd'hui très fière,
qui a survécu à un grave cancer de l'âme et à deux infarctus majeurs,
et qui n'a jamais cessé de croire que la psychologie pouvait être efficace.

Site Internet de l'auteure : **www.louisereid.com**

Avant-propos

Depuis une vingtaine d'années, j'ai orienté mes recherches et ma pratique vers un seul objectif : trouver des solutions rapides, efficaces et durables à différents problèmes psychiques qui, chacun à leur manière, contribuent à créer le mal-être, l'anxiété, l'angoisse et les états dépressifs. Dans cette optique, j'ai dû mettre de côté nombre de théories apprises par les lectures et les cours universitaires pour ne garder que celles qui me paraissaient en lien direct avec ces problématiques. De plus, parce que j'avais personnellement expérimenté des thérapies longues et éprouvantes, j'ai toujours conservé la certitude qu'il fallait tenir compte en priorité de la souffrance morale ressentie par les personnes affectées et s'assurer que les interventions ne contribuent jamais à augmenter leur douleur. J'ai donc recherché les solutions le moins douloureuses possibles et qui donneraient des résultats à très court terme. J'ai rapidement découvert que le seul moyen d'y parvenir était d'identifier les sources premières des désordres psychiques et de développer des formes d'intervention permettant de les atteindre directement.

Au fil des années, j'ai réalisé que les techniques que j'avais mises au point s'apparentaient, de façon surprenante, à la chirurgie telle qu'elle est pratiquée en médecine. La chirurgie médicale procède selon les étapes suivantes : identifier la source du problème, créer une ouverture, extraire l'élément perturbateur ou réparer le dommage et ensuite refermer. Lorsque je comparais les procédés que je pratiquais avec ceux utilisés par la psychologie traditionnelle, les miens m'apparaissaient comme un traitement de type chirurgical. Dans ce cas, il s'agissait d'identifier le problème psychologique et ses racines, d'effectuer une percée dans l'inconscient pour amener la source du désordre au niveau de la conscience, d'éradiquer les peurs et les croyances irréalistes, de solidifier la structure émotive et de refermer l'accès direct à l'inconscient.

C'est ainsi qu'est née la psychologie chirurgicale, un nouveau modèle d'intervention spécialisée qui permet d'identifier les sources profondes des problèmes anxieux et d'intervenir directement afin de détruire les racines qui les alimentent. Cette forme de psychologie apporte un soulagement rapide et durable aux sensations de découragement, de perte d'espoir et de déséquilibre psychique, toutes formes de destruction qui, selon ce que j'ai découvert, s'apparentent singulièrement aux cancers physiques, tant dans leur forme que dans leur développement.

La psychologie chirurgicale permet également de soigner efficacement les blessures de l'enfance en éliminant directement les peurs, les peines et les colères accumulées. Par son travail très ciblé, elle procure la capacité de se défaire rapidement des blocages émotifs causés par les peurs de vivre, de souffrir et de mourir qui entravent la circulation de la joie et du bonheur et qui incitent les personnes au décrochage et au retrait. La psychologie chirurgicale redonne à la personne atteinte de divers troubles psychologiques l'occasion de recommencer à mieux fonctionner en un court laps de temps, et ce, sur une base durable. En plus de permettre l'obtention de résultats rapides et persistants, elle possède un autre atout de taille : en utilisant des pistes directes et facilement accessibles, elle aide une personne anxieuse à se soigner sans nécessairement recourir à des thérapies souvent longues et coûteuses.

Le terme *chirurgie* référait jusqu'à maintenant à la seule discipline médicale et, selon les définitions reconnues, elle consistait en des interventions manuelles et instrumentales pratiquées directement sur le corps dans le but de réparer des traumatismes, de traiter des infections, de lutter contre les conséquences de certaines affections ou de corriger les malformations. Nous pouvons dorénavant appliquer la notion de chirurgie à une nouvelle approche psychologique pour soigner rapidement les dommages causés par les traumatismes, traiter les pensées contaminées, lutter contre les conséquences engendrées par de fausses croyances et corriger des comportements inappropriés.

Cette découverte de la psychologie chirurgicale ne m'est pas venue d'une inspiration subite et ne découle pas directement des études que j'ai effectuées en psychologie. Elle est d'abord le résultat de mon expérimentation personnelle de la grande souffrance morale reliée aux désordres anxieux et des pistes que j'ai développées pour y mettre fin.

En effet, pendant des dizaines d'années, j'ai souffert d'un grave dérèglement psychologique qui m'a causé une grande souffrance morale et qui m'a finalement conduite à une dépression profonde. Durant les quarante premières années de ma vie, j'ai eu à composer avec un faible goût de vivre, complètement insuffisant, qui a déterminé un déséquilibre et une instabilité de ma structure émotive. Une telle insuffisance se traduisait par des manques au niveau de la motivation, de la conviction personnelle, de la volonté, du courage, de l'estime de soi, du plaisir de vivre et de la capacité d'apprécier le moment présent. En fait, la peur de vivre bloquait la circulation de la joie, qui ne parvenait que très rarement à m'atteindre. J'ai donc vécu ces quarante années sous le signe de la tristesse et du désabusement, même si, de l'extérieur, je semblais avoir une vie active et relativement normale. Cette insuffisance de goût de vivre et l'absence de repères qui y était associée ont provoqué le découragement et m'ont entraînée dans des épisodes dépressifs récurrents, dont un qui s'est avéré majeur en 1990. J'ai alors vécu une très grave dépression accompagnée d'une tentative de suicide qui a échoué *in extremis*. Je suis donc demeurée en vie, mais, cinq mois plus tard, un infarctus du myocarde me laissait cinq pour cent de chances de survie. À trente-neuf ans, donc, au cours de cette même année 1990, j'ai subi un infarctus physique majeur, ainsi qu'une dépression profonde que j'ai surnommée *mon infarctus psychologique*.

Tant du point de vue psychologique que physique, je puis dire que j'avais *le cœur brisé*. L'infarctus du myocarde m'avait laissé certains dommages physiques importants et les médecins m'avaient avisée que je survivrais si mon cœur réussissait à se créer de lui-même un nouveau réseau de circulation du sang pour remplacer celui qui avait été partiellement détruit. Je n'avais pas de pouvoir direct sur ma guérison physique, mais je pouvais avoir de l'influence sur le rétablissement de mon cœur psychologique.

Au cours des deux années suivantes, j'ai d'abord fait le choix de vivre, même si la vie était parfois douloureuse et difficile. J'ai aussi effectué un nettoyage en profondeur des émotions négatives accumulées qui bloquaient en moi la circulation de la joie. J'ai renoué contact avec mes propres forces intérieures et j'ai effectué de nouveaux choix de vie, posé de nouvelles balises qui excluaient le plus possible le stress et l'anxiété. J'ai lentement retrouvé l'espoir et le goût de vivre. Mon cœur psychologique s'est créé un nouveau réseau de circulation de la joie et du plaisir. Pour sa part, mon cœur physique s'est certainement lui aussi restauré, puisque j'ai survécu à l'infarctus du myocarde. Aujourd'hui, je suis confrontée à certaines restrictions relativement mineures, mais je vis pleinement, tant physiquement que psychologiquement. Quant à savoir si le travail que j'ai effectué sur ma structure psychique a eu un impact direct sur la régénération de mon cœur physique, je n'en aurai jamais la certitude absolue, mais, depuis dix-huit ans, je n'ai subi ni nouvel infarctus, ni problème cardiaque associé, ni dépression.

Ces deux atteintes à ma vie et le mal-être qui les sous-tendait représentent une période très difficile de mon existence, mais ils se sont avérés pour moi la pierre angulaire d'une toute nouvelle compréhension des problèmes psychiques et de leurs sources directes. D'une certaine manière, je suis reconnaissante à la vie de ce qui m'est arrivé. Ces expériences m'ont appris que le cœur physique et le cœur psychique possèdent de nombreuses analogies métaphoriques qui peuvent permettre une meilleure compréhension de certains désordres psychologiques.

Bien sûr, je n'ai pas pu profiter des techniques de guérison présentées dans ce livre, puisqu'elles n'avaient pas encore été découvertes. J'ai utilisé divers procédés, souvent longs et douloureux, pour tâcher de m'extraire du trou noir de la dépression, de l'angoisse et de l'anxiété généralisée, et j'y suis parvenue. Cependant, chacun des efforts fournis m'a permis de mieux comprendre les rouages qui entraînent ce type de déchéance psychologique. C'est à partir de cette compréhension profonde que j'ai pu découvrir des analogies entre les troubles anxieux et les maladies physiques que sont les cancers, les abcès et les infarctus du myocarde. Je me suis alors évertuée à mettre au point des techniques visant à identifier et à éliminer les éléments sources qui déclenchent ces perturbations psychologiques. Cette compréhension et ces mises au point m'ont permis de développer des techniques pour traiter le plus efficacement possible les désordres anxieux dont souffrent tant d'autres personnes.

Lorsqu'il s'agit des questions reliées à leur santé, le corps et l'esprit humain possèdent plusieurs espaces communs que je vous invite maintenant à découvrir et à explorer.

Introduction

Les cancers psychologiques sont des désordres psychiques qui s'attaquent à la pensée et perturbent le fonctionnement psychologique, émotif et comportemental des individus. Ils peuvent prendre différentes formes dont celles d'un mal-être généralisé, du perfectionnisme, de la dépendance affective, de la méfiance, d'une insatisfaction constante, du découragement ou de la détresse, et ils se caractérisent par une perception distordue de la vie, des autres et de soi. Les tumeurs à la source des cancers psychologiques sont constituées de fausses croyances qui viennent de l'enfance et qui se sont développées anarchiquement, à l'encontre de toute logique. Ces tumeurs détruisent lentement la confiance, le plaisir de vivre, l'estime personnelle, l'espoir et le bonheur. Alors qu'au point de départ ils affectent d'abord certaines zones de la pensée, les cancers psychologiques peuvent se généraliser à l'ensemble de la perception et du fonctionnement d'un individu.

Jusqu'à maintenant, le mot *cancer* a été appliqué uniquement au domaine médical et il fait très peur du fait qu'il est associé à des menaces de dégénérescence physique et de mort. Nous pouvons désormais appliquer le mot à la psychologie, car il y a de nombreuses analogies entre la dégradation du corps physique et celle de la structure psychique. Le cancer qui s'attaque à la pensée présente une menace parce qu'il provoque une dégénérescence du plaisir de vivre et peut conduire au désespoir qui, lui, s'apparente à une forme de mort morale.

Pour parvenir à les soigner et à les guérir, nous apprendrons, dans la première partie de ce livre, à identifier les divers types de cancers psychologiques, à découvrir leur provenance, à comprendre leur développement et à utiliser des outils appropriés pour en éradiquer la source.

Les cancers psychologiques s'attaquent à la pensée globale de l'individu, y créant de nombreuses peurs irréalistes. Ces peurs contribuent à développer des désordres psychiques associés dont on peut dire qu'ils sont des abcès psychologiques tels, entre autres, le ressentiment, l'apitoiement sur soi, la méfiance, la culpabilité, le doute, la jalousie et la honte. Ces ulcérations de la pensée peuvent se comparer à des abcès physiques qui créent une forte douleur pouvant être quelque peu soulagée lorsqu'ils crèvent et laissent s'écouler un trop-plein de matière purulente. Même s'ils découlent de la présence de cancers psychologiques, nous traiterons les abcès psychiques comme une entité distincte, car, comme nous le verrons dans la deuxième partie du livre, ils ont une identité propre, des symptômes particuliers et un traitement différent de celui des cancers psychologiques.

Nous rencontrerons ensuite d'autres désordres associés à la présence de cancers psychologiques, qui possèdent eux aussi une identité distincte et qui seront regroupés sous les vocables d'insuffisance et d'infarctus psychologiques. La souffrance et le découragement provoqués par les cancers et les abcès psychologiques peuvent mener à une peur de vivre qui coupe l'accès à la joie et au bonheur et qui provoque des blocages pouvant conduire à une insuffisance chronique du désir d'avancer. Lorsque le cœur émotif n'est plus alimenté adéquatement en joie, il devient à risque de développer l'anxiété généralisée, les troubles panique, des phobies diverses, la dépression, l'épuisement professionnel ou le stress post-traumatique. Ces troubles majeurs de la structure psychologique s'apparentent facilement à l'insuffisance cardiaque et à l'infarctus du myocarde que peut subir le corps humain. Dans la troisième partie de l'ouvrage, nous verrons comment l'insuffisance s'installe, la sensation de vide intérieur qu'elle peut provoquer, les ravages causés à la structure globale par les infarctus psychologiques et les outils qui permettent de réparer les dommages à un cœur qui n'a plus pleinement goût à la vie.

Les analogies mises en évidence avec les maladies physiques que sont le cancer, les abcès, l'insuffisance cardiaque et les infarctus coronariens permettent de comprendre beaucoup plus facilement la source de divers désordres psychologiques, ainsi que leur processus de développement. Ces analogies illustrent de façon plus concrète des concepts habituellement abstraits et impalpables. Ainsi est donnée à l'esprit logique une nouvelle emprise sur des désordres psychologiques qui étaient, jusqu'à maintenant, très difficiles à traiter efficacement et rapidement.

Dans le domaine médical, les cancers physiques doivent d'abord être traités par l'éradication des tumeurs qui en sont la source, alors que les abcès doivent être vidés de leur contenu purulent. Quant aux artères coronaires bloquées, elles doivent être débarrassées des plaques qui les obstruent. Pour obtenir des résultats rapides et probants avec ces trois types de problème, la médecine privilégie des interventions chirurgicales ciblées qui s'attaquent directement à leur source.

C'est également par des interventions de type chirurgical que doivent être soignés les cancers, abcès et infarctus psychologiques. En déprogrammant les sources mêmes des désordres anxieux, la psychologie chirurgicale obtient des résultats rapides et probants, et les personnes atteintes retrouvent rapidement une emprise réelle sur leur vie.

Les différentes approches psychologiques

Les trois principales branches de la psychologie sont la démarche clinique qui passe par une investigation de l'inconscient, le behaviorisme qui s'attache à l'étude et à la modification des comportements, ainsi que la psychologie cognitive qui explore les processus d'acquisition de connaissances. Chacune de ces branches a engendré différentes tendances thérapeutiques dont les trois davantage reconnues sont l'approche analytique qui s'en tient principalement à la recherche de causes passées, l'approche cognitivo-comportementale qui se restreint à un changement d'interprétation et de pensée, et l'approche humaniste qui se positionne dans le contexte émotif actuel d'*ici et maintenant* pour effectuer des modifications visant à modeler le futur.

L'approche analytique se fonde sur l'hypothèse que les difficultés actuelles trouvent leur origine dans des conflits non résolus de l'enfance qui sont emmagasinés dans l'inconscient et qu'il faut affronter pour parvenir à bien s'occuper des problématiques actuelles. Cette approche peut permettre, par exemple, de résoudre une relation conflictuelle avec la mère, en amenant une personne à plonger dans ses souvenirs et à revivre divers événements et situations passés qui ont pu engendrer le conflit. À la longue, la personne comprend comment s'est développé l'antagonisme, ce qui peut diminuer ou faire disparaître les tiraillements. Cependant, même si le conflit avec la mère est réglé, les pensées et fausses croyances qui sous-tendaient l'hostilité ne sont pas résorbées pour autant et se sont possiblement étendues à d'autres domaines de la vie. Une partie du mal-être s'est estompée, mais les dommages collatéraux peuvent demeurer. Le cancer psychologique n'est pas éradiqué pour autant.

L'approche cognitivo-comportementale repose sur une prémisse affirmant que les émotions et les comportements sont principalement déterminés par l'interprétation faite d'une situation et, qu'ainsi, une interprétation et des pensées plus réalistes permettent d'acquérir des comportements mieux adaptés. Ce genre d'intervention peut aider une personne qui est incapable de traverser les ponts en l'amenant lentement à affronter sa peur, à réaliser que les ponts sont très solides et à se désensibiliser par une exposition à l'élément anxiogène. Avec ce traitement, la peur de traverser les ponts est souvent résolue. Cependant, comme la thérapie n'a pas pris en compte la peur fondamentale de mourir, qui a des racines ancrées dans le passé et qui sous-tend d'autres craintes plus apparentes, la source première demeure et risque de se matérialiser à nouveau à travers le développement d'autres peurs irrationnelles, de panique et de phobies diverses. Le cancer psychologique perdure et risque de créer des abcès ou une insuffisance psychique.

L'approche humaniste s'appuie sur un postulat selon lequel une personne est capable de comprendre ses difficultés présentes, de trouver ses propres solutions et d'apporter les changements nécessaires. L'accent est mis sur la modification des émotions actuelles afin d'établir une ouverture plus saine vers le futur. Ainsi, lorsqu'une personne se sent très démunie en raison d'un deuil ou d'une rupture affective, l'approche humaniste peut l'aider à prendre conscience qu'elle est responsable de sa propre vie et qu'elle possède tous les éléments qui lui sont nécessaires pour s'assumer. Elle peut ainsi lui apprendre à faire appel à sa propre force intérieure. Du pouvoir sur sa vie lui est redonné. Cependant, le fait de partir de l'*ici et maintenant* pour aller vers l'avenir, et ce, sans tenir compte du passé, peut laisser en suspension certaines émotions négatives et fausses croyances qui risquent de ressurgir ultérieurement et qui, entre-temps, peuvent causer d'autres dommages. Le cancer régresse quelque peu, mais les tumeurs psychologiques sont toujours latentes.

Chacune des branches de la psychologie et des nombreuses écoles qui leur sont associées a donc la capacité d'apporter un certain soulagement à la souffrance psychique. Cependant, parce qu'elles font montre d'une certaine rigidité dans la perception des émotions – uniquement les émotions passées pour la vision analytique, très peu compte des émotions dans l'intervention comportementale et les seules émotions présentes *ici et maintenant* chez les humanistes –, ces approches excluent une partie de l'ensemble psychique et peuvent donc difficilement intervenir sur la globalité de la structure psychologique. Elles réparent certains dommages, mais laissent souvent en plan les racines mêmes qui alimentent les problématiques psychologiques.

Dans son approche, la psychologie chirurgicale tient compte tant des émotions passées que des émotions présentes, ainsi que de leur impact sur les attitudes et comportements existants. Elle applique un traitement prioritaire aux fausses programmations de l'enfance qui ont résisté à la logique, qui tronquent les perceptions actuelles et qui constituent la source des cancers psychologiques. Elle s'assure ainsi de s'attaquer aux racines mêmes des désordres psychiques et d'en tarir la source.

La psychologie chirurgicale ouvre une nouvelle avenue dans les soins à apporter aux millions de personnes qui sont aux prises avec la souffrance engendrée par les différents désordres psychologiques. Même si elle peut sembler presque trop simple au premier abord, elle repose sur des bases théoriques solides reconnues par la psychologie traditionnelle – Freud, Piaget, Ellis, Skinner et autres. Elle utilise nombre de leurs concepts, mais n'en présente cependant que les éléments plus essentiels qui permettent de rendre facilement compréhensibles les processus qui mènent aux désordres anxieux et de s'attaquer directement à leurs racines même afin d'obtenir des résultats rapides et durables.

L'utilisation des analogies entre les cancers, abcès, insuffisance et infarctus physiques et les désordres psychologiques repose sur le besoin du cerveau d'obtenir une vue d'ensemble d'une problématique donnée, de pouvoir prendre du recul. Le fait de se sentir mal dans sa peau, une grande souffrance psychologique, l'impression de ne plus savoir qui l'on est et où l'on va, la peur de vivre, l'anxiété généralisée, la colère ou le désespoir sont des notions vagues qui réfèrent à des sensations d'envahissement.

Lorsque ces sensations prennent l'image de tumeurs cancéreuses, d'abcès ou de blocages artériels, elles acquièrent une « visibilité » permettant de les rendre plus concrètes et d'établir, entre elles et nous, la distanciation nécessaire à une emprise efficace.

Pour bien comprendre comment et pourquoi l'application de la psychologie chirurgicale obtient une grande efficacité, nous suivrons, tout au long des chapitres, les études de cas de Caroline R., une jeune entrepreneure de vingt-huit ans, de Marcel D., un homme de cinquante-trois ans qui a longtemps été aux prises avec une toxicomanie, et de Laura F., une formatrice pigiste de quarante-quatre ans, trois personnes auxquelles la psychologie chirurgicale est venue en aide. Dans le cadre de ma pratique, j'ai eu l'occasion d'intervenir auprès de plusieurs centaines de personnes, mais les cas de Caroline, Marcel et Laura illustrent particulièrement bien l'ensemble de la théorie présentée dans ce livre. Ils ont tous trois souffert de graves cancers psychologiques créant, selon le cas, la dépendance affective, le mécontentement généralisé, l'insatisfaction, la mésestime de soi ou le découragement. Aux symptômes principaux se sont associés divers désordres dérivés tels le trouble panique, l'agoraphobie, l'anxiété généralisée, le ressentiment, l'apitoiement sur soi, la dépression, la toxicomanie et la phobie sociale. Nous verrons leur historique de vie, les dommages psychologiques qu'ils ont subis et comment la psychologie chirurgicale est intervenue pour les aider à éradiquer la source de leur cancer psychologique et pour leur permettre de retrouver le goût de vivre et le désir d'avancer à nouveau.

Première partie

Les cancers psychologiques

CHAPITRE 1

Les tumeurs

Selon ses racines grecques, le mot *psychologie* désigne la science – *logos* – de l'âme – *psukhê* –, laquelle âme représente le principe de vie et de pensée qui anime le corps. De nombreuses expressions populaires utilisent le mot *âme* en référence à des sensations psychologiques : avoir des états d'âme, l'âme en peine, l'âme en paix, de la grandeur d'âme, le vague à l'âme ou la mort dans l'âme. Nous pouvons ajouter à cette liste l'expression *cancer de l'âme*, qui parvient à concrétiser des sensations aussi abstraites que la fatigue morale, le découragement, le perfectionnisme, la dépendance affective, l'éternelle insatisfaction ou la perte du plaisir de vivre. Chacun de ces éléments représente, à sa manière, une forme de cancer psychologique.

Que le cancer soit physique ou psychologique, il découle de la présence de tumeurs malignes qui se développent et envahissent les champs avoisinants. Il est possible d'effectuer une analogie réaliste entre les tumeurs physiques qui s'attaquent au corps humain et les tumeurs psychologiques qui s'en prennent au système de pensée des individus. Dans chacun des cas, les tumeurs peuvent s'avérer soit bénignes, soit malignes, et générer des problèmes à plusieurs niveaux chez la personne atteinte.

Cancer physique

Notre corps est composé de milliards de cellules qui, dans leur immense majorité, sont saines et fonctionnelles, mais dont certaines présentent des défectuosités. Le cancer physique est une maladie causée par la multiplication anarchique de cellules défectueuses qui se soustraient au déroulement logique de la division cellulaire et qui, de ce fait, sont insensibles aux mécanismes de contrôle de l'organisme. Ces cellules anormales s'agglomèrent en tumeurs et s'attaquent à différents organes et structures du corps, les rendant inaptes à effectuer leurs tâches. Lorsqu'elles se généralisent, elles étendent leur œuvre de destruction à l'ensemble du corps.

Les symptômes du cancer peuvent être divers, selon le type des tumeurs et leur emplacement. Les capacités de fonctionnement de la personne atteinte sont plus ou moins altérées en fonction de l'étendue de la maladie. On n'a pas découvert de cause unique à cette dysfonction, mais les recherches ont identifié une série d'éléments pouvant potentiellement contribuer au déclenchement du cancer, dont de nombreux agents chimiques comme la fumée du tabac ou les particules d'amiante, certaines bactéries et virus comme celui du papillome humain ou certains agents physiques tels que les rayons ultraviolets.

Tumeurs bénignes ou non cancéreuses

Si les tumeurs viennent de cellules mères qui sont saines, on dit d'elles qu'elles sont bénignes, donc non cancéreuses. L'ensemble de la tumeur est alors bien délimité et les cellules qui la composent ne s'attaquent pas aux structures adjacentes et ne peuvent migrer. Mais en grossissant, la tumeur peut causer des problèmes par compression.

Tumeurs malignes ou cancéreuses

Si une tumeur provient d'une cellule mère anormale, la prolifération anarchique de cette cellule produit une tumeur maligne, c'est-à-dire un cancer qui, en se développant, envahit et détruit les structures avoisinantes. Les cellules incontrôlables qu'elle contient peuvent migrer dans diverses parties du corps, créant des métastases et multipliant les sites de cancer.

Cancer psychologique

Le cancer psychologique est une maladie causée par la présence de fausses croyances qui amènent la prolifération anarchique d'autres convictions inadéquates et forment des tumeurs psychiques. Il peut s'attaquer au fonctionnement d'une personne dans des domaines particuliers de sa vie ou, selon l'étendue du cancer, se généraliser à l'ensemble de son action.

Du point de vue psychologique, nous pouvons comparer le processus de division cellulaire du corps humain à la présence des croyances qui dirigent notre vie. Nous possédons des milliers de croyances qui correspondent à la réalité et dont on dit qu'elles sont des représentations réalistes de notre monde. Ce sont des croyances qui répondent à un déploiement normal de la logique et font partie du processus courant de développement psychologique.

Lorsque des croyances se soustraient au déroulement logique de la pensée, on dit d'elles qu'elles sont fausses, irréalistes ou irrationnelles. Elles se développent souvent de manière anarchique et se montrent insensibles au contrôle de la raison. On peut alors parler de tumeurs psychologiques.

Les fausses croyances peuvent être innées et présentes chez tous les enfants dès la naissance. Elles peuvent aussi être acquises au fil des ans, particulièrement durant les six premières années de la vie. Dans les deux cas, elles sont bénignes ou malignes, selon la forme d'expression qu'elles prennent.

Tumeurs psychologiques bénignes

De nombreuses fausses croyances ont un impact sur notre perception de la vie et sur notre fonctionnement en général, mais leur influence est généralement limitée. Par exemple, la personne qui tient pour acquis que *la vie est difficile* aura tendance à voir d'abord le côté négatif des gens et des situations et pourra même développer un certain pessimisme. Elle demeure cependant capable de profiter des moments de plaisir qu'offre la vie, ce qui lui procure les doses d'énergie nécessaires à la poursuite de ses activités quotidiennes. On peut dire de ce type de croyances qu'elles sont simples et qu'elles constituent des tumeurs psychologiques bénignes, donc non cancéreuses. Elles sont désagréables et dérangeantes, mais on peut vivre avec elles sans qu'elles détruisent notre équilibre psychologique global.

On peut reconnaître une fausse croyance simple relative à la perception de la vie en se demandant si elle inclut tacitement des adverbes comme « relativement », « plutôt », « souvent » ou « généralement ». Ainsi, une personne peut considérer que la vie est souvent ou généralement difficile, tout en sachant qu'elle n'est pas toujours ainsi puisqu'elle comporte également certaines périodes de facilité. Les fausses croyances simples laissent place aux nuances.

CROYANCES SIMPLES

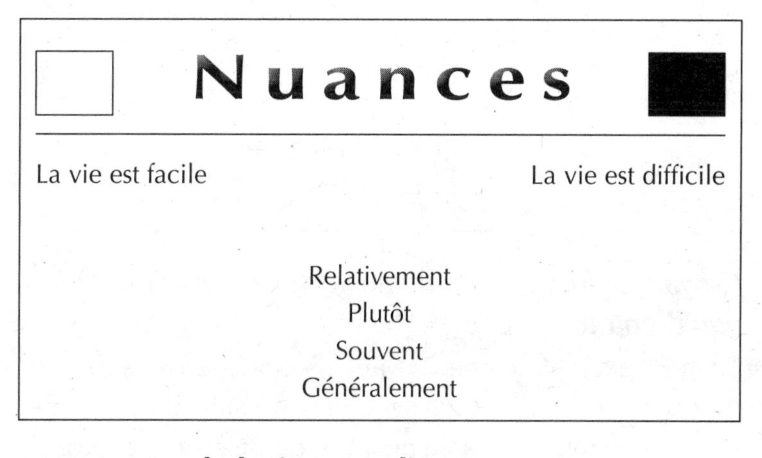

Tumeurs psychologiques malignes

Parmi les fausses croyances, certaines sont beaucoup plus dévastatrices : ce sont les fausses croyances-équations relatives à la vie qui sont, quant à elles, sans nuances. Le terme équation implique que la pensée est figée dans une certitude que la vie équivaut, de manière incontournable, à une définition donnée et que, de ce fait, toute déviation à cet ordre des choses représente un danger pour la survie. Ainsi, si un enfant développe la fausse croyance-équation que *la vie égale facilité*, il tient pour acquis que la vie doit toujours être facile et que toute difficulté représente une menace. Les fausses croyances-équations sont des tumeurs qui détruisent la structure psychologique d'une personne en s'attaquant à son sentiment de sécurité, à son estime personnelle, à ses valeurs profondes et à son goût de vivre, créant ainsi un cancer psychologique.

CROYANCES-ÉQUATIONS

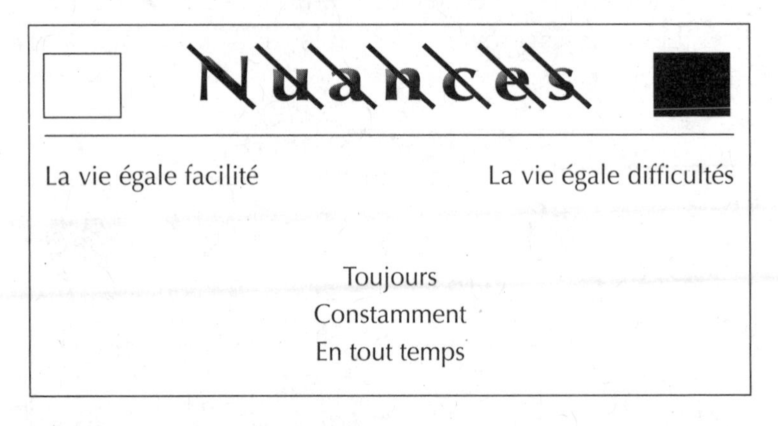

Croyance simple ou bénigne versus croyance-équation ou maligne

Comme exemple d'une croyance simple, *la vie est insatisfaisante* pourrait se traduire par la vie est *plutôt* insatisfaisante. Lorsqu'une telle croyance nuancée est présente, le cerveau a tendance à mettre l'accent sur le côté décevant et négatif de la vie, mais il n'en fait pas une question de sécurité, et la personne est quand même capable de profiter de certaines satisfactions sans les considérer comme dangereuses.

Comme exemple de croyance-équation, *la vie égale insatisfaction* pourrait se traduire par la vie est *toujours* insatisfaisante. En présence de cette croyance rigide, le cerveau met toujours l'emphase sur le côté décevant et négatif de la vie et empêche constamment la personne d'apprécier les bons moments. La vie devient donc *toujours* insatisfaisante. Toute fausse croyance-équation de ce type qui perdure au-delà de l'enfance se transforme en tumeur psychique maligne qui s'étend et envahit les divers domaines de la vie d'une personne et la prive de l'apport logique nécessaire au maintien de l'espoir et de l'équilibre psychologique.

Les deux exemples suivants démontrent la différence qui existe entre une fausse croyance simple et une fausse croyance-équation.

Daniel G., un retraité de soixante-huit ans, tient pour acquis que la vie est ennuyeuse. Il fait deux ou trois voyages par année et assiste avec plaisir à certaines activités du groupe de l'âge d'or avec son épouse, mais leur participation est le plus souvent suggérée par celle-ci. Le fait qu'il trouve que la vie est souvent ennuyeuse ne l'incite pas à programmer lui-même les actions qui lui procureraient la distraction et rendraient sa vie plus agréable. Il est cependant capable de profiter des divertissements quand il y participe.

De son côté, Marcelle J., une retraitée de soixante-douze ans vivant dans la même tour d'habitation pour personnes âgées que Daniel G., a elle aussi une croyance relative à l'ennui. Cependant, au lieu de considérer que la vie est souvent ennuyeuse, elle croit plutôt qu'elle égale ennui, c'est-à-dire qu'elle est toujours monotone. Parce qu'elle est persuadée que la vie n'est qu'ennui, sa perception est dotée d'un filtre négatif qui l'empêche de voir l'intérêt que présentent les gens et les événements. « Cette activité était trop longue, Jean a parlé trop longtemps, je n'ai rien appris, j'ai perdu mon temps. » L'impact d'une vie aussi « assommante » sur Marcelle se traduit par un désabusement face à la vie ainsi qu'une solitude de plus en plus accentuée.

Une perception en noir ou blanc

L'enfant de moins de six ans voit la vie en noir et blanc, sans zones grises. Sa perception s'actualise dans le moment présent. Il perçoit une personne comme étant soit bonne, soit méchante, mais il est incapable de penser que cette personne est généralement bonne même si elle fait parfois preuve de sévérité ou de méchanceté. De la même manière, il perçoit la vie comme étant soit douce, soit pénible, mais il est incapable de penser que la vie est généralement douce même si elle présente parfois des moments pénibles. Son jugement s'adapte selon les circonstances qu'il rencontre.

Parce qu'il est incapable de faire la part des choses, l'enfant pense naturellement en termes d'équation :

Ma mère me dit que je suis beau = je suis beau

Mon père me dit que je suis méchant = je suis méchant

Le jeune enfant ne pensera pas : « Ma mère me dit que je suis beau, mais c'est parce que je suis son fils et qu'elle m'aime. » De la même manière, il ne traduira pas la phrase de son père par : « Je viens de faire quelque chose de méchant. » Il n'a pas la logique nécessaire pour effectuer ces analyses.

On lui dit qu'il est beau, il se trouve beau.

On lui dit qu'il est méchant, il se croit méchant.

Le jeune enfant perçoit donc la vie et les gens en blanc ou en noir, et sa perception se forme toujours à partir de l'instant présent.

- La vie est belle ou la vie est laide.
- La vie est douce ou la vie est douloureuse.
- Les gens sont gentils ou les gens sont méchants
- La vie est sécuritaire ou la vie est dangereuse.
- La vie est simple ou la vie est compliquée.
- La vie est satisfaisante ou la vie est insatisfaisante.

Ainsi, pour lui, la vie peut être très belle le matin et très laide deux heures plus tard, alors que les gens sont très gentils un jour et vraiment méchants le lendemain.

Là où cela devient dangereux, c'est lorsque des situations se reproduisent fréquemment ou que certaines phrases sont entendues de façon répétitive. Par exemple, des phrases comme « tout est tout le temps si difficile », « la vie s'acharne sur moi », « je suis donc malchanceux », « la vie est dure » et « qu'est-ce qui peut bien encore me tomber dessus » reprises au fil du temps par un ou des membres de la famille peuvent alors se cristalliser et se transformer dans les perceptions de l'enfant en croyances-équations durables. Le verbe *égaler* prend alors la signification de globalité. L'enfant peut ainsi en venir à croire que la vie est fondamentalement difficile. En contre-exemple, des phrases comme « il faut toujours avoir du plaisir », « parle-moi pas de problèmes », « c'est quoi ça, faire des efforts » et « dans la vie, il faut toujours s'amuser » vont porter un enfant à se forger la croyance-équation que la vie doit toujours être belle. Évidemment, le langage non verbal des parents et de l'entourage, leurs manières de réagir aux différentes situations de la vie sont aussi importants sinon plus que le langage verbal.

Le cerveau et les fausses croyances-équations

Comme le rôle premier du cerveau humain est de nous maintenir en vie, il possède une impulsion primaire qui se nomme instinct de survie et qui le pousse automatiquement à éviter les dangers potentiels qui risqueraient de nous mettre en péril. Pour un enfant, la douleur occasionnée par une très grande peine ou un sentiment de détresse est aussi effrayante et sans doute même plus qu'un danger de mort réelle. Il a l'impression inconsciente qu'il ne pourrait survivre à la souffrance. Son cerveau met donc tout en branle pour lui épargner cette impression et il le fait de manière mécanique, automatique. Parce qu'elle s'installe durant l'enfance, au moment où la logique n'est pas encore développée, chaque fausse croyance-équation contient intrinsèquement une impression inconsciente de danger pour la survie et cette menace perdure même à l'âge adulte, tant que la croyance demeure.

Une fausse croyance-équation relative à la perception de la vie peut être soit positive : *la vie égale facilité*, soit négative : *la vie égale difficultés*. Ainsi, la personne abritant la fausse croyance-équation qui dit que *la vie égale facilité* tient pour acquis que la vie doit toujours être facile et, par conséquent, elle subit difficilement l'existence des obstacles et des complications. La personne qui, au contraire, a développé la fausse croyance-équation que *la vie égale difficultés* considère que la vie est difficile à tous les instants et que les moments qui semblent faciles doivent sûrement cacher des problèmes à venir.

Voyons le processus de développement de croyances-équations opposées avec les exemples de deux jeunes enfants dont l'un est persuadé que la vie égale satisfaction alors que l'autre croit profondément qu'elle égale insatisfaction.

Henri, un garçon de huit ans, a acquis la certitude que la vie égale satisfaction. *Pour ses parents, il est vraiment le centre du monde et ils répètent constamment qu'il est extraordinaire qu'il mérite ce qu'il y a de mieux. Il est habillé telle une carte de mode, croule sous les jouets et les cadeaux et fréquente une école privée réputée. Lorsque surviennent des décisions scolaires qui apportent de la déception ou de l'insatisfaction à*

Henri, ses parents s'opposent au professeur et même à la direction, prenant toujours le parti de l'enfant. Il a ainsi développé la croyance que la vie devrait TOUJOURS lui apporter la satisfaction. Il n'a pas appris à composer avec les déplaisirs inhérents à toute vie et il les considère « anormaux ». Puisque ses parents partent toujours en guerre contre ceux qui refusent de le satisfaire, il a appris que l'insatisfaction est une ennemie à abattre et que, de ce fait, elle représente un danger. Pour lui, la satisfaction est synonyme de vie et de normalité, alors que l'insatisfaction est anormale et menaçante. Sa logique naissante l'amène à développer une équation inconsciente :

- *Parce que l'insatisfaction apporte la déception et la souffrance, elle représente un danger.*
- *Quel est le meilleur moyen de ne pas être déçu et donc de ne pas souffrir ? Obtenir ce que l'on veut.*
- *Et pour obtenir ce que l'on veut, il faut demander, exiger et ne pas accepter de refus.*

Pour Henri, l'insatisfaction égale donc danger, ce qui amène son cerveau à mettre tout en branle pour s'assurer que sa vie soit toujours satisfaisante et donc, sécuritaire.

Nous retrouvons exactement le cas contraire dans l'exemple de Sophie, une fillette de neuf ans qui a développé la croyance que la vie égale insatisfaction. *Elle est très méfiante et a une forte tendance à la bouderie. Sa mère exprime constamment ses insatisfactions et met l'enfant en garde contre toutes les déceptions qu'elle aura à affronter dans la vie. Lorsque la petite se plaint de son professeur, du service de garde ou des autres élèves, sa mère lui rappelle que la vie est ainsi et qu'elle n'a pas à se surprendre puisque les gens sont toujours décevants. Sophie essaie d'assimiler les enseignements maternels, mais elle ne peut s'empêcher d'être peinée lorsque surviennent des déceptions, ce qui la fait souffrir et la pousse à un certain découragement. Sa logique naissante l'amène à développer une équation inconsciente :*

- *Quel est le meilleur moyen de ne pas être déçue et donc de ne pas souffrir ? Ne pas avoir d'attentes.*
- *Et si l'on sait que la vie sera toujours décevante et insatisfaisante ? On n'attend rien et, donc, on n'est pas déçu et on ne souffre pas.*

Sans même en être consciente, Sophie a enregistré une fausse croyance qui dit que la vie égale insatisfaction *et croit dorénavant que l'insatisfaction la protège de la souffrance. Parce qu'ils risquent de créer des attentes et de l'espoir, et ultimement de la déception, la satisfaction et le plaisir deviennent des menaces à son équilibre psychologique et son cerveau cherche à éviter ces états ou, à tout le moins, à ne jamais mettre l'accent sur eux. Tant qu'elle demeure persuadée que la vie est* toujours *insatisfaisante, elle n'espère rien et croit ainsi se protéger de la souffrance et même de la détresse. Lorsqu'elle râle ou boude, elle se sent en sécurité, en contrôle et bien vivante. Elle se sent donc vivante dans l'insatisfaction.*

Aussi illogiques soient-elles, ces croyances-équations forcent le cerveau à réagir en fonction de la programmation qu'elles contiennent. C'est une simple question de recherche d'équilibre, de survie psychologique.

De la même manière, si on démontre à un enfant que la quiétude est synonyme de sécurité ou que la turbulence est dangereuse, il deviendra convaincu que *la vie doit égaler le calme*. L'instinct de survie qui le guide le poussera à rechercher la pondération pour s'assurer de demeurer en vie. Il peut se sentir en danger lorsqu'il se trouve en situation d'agitation et devenir possiblement incapable de relever les défis de la vie qui exigent parfois d'être très actif. Il fera tout en sorte pour saboter différentes situations d'action perçues par lui comme trop périlleuses.

Si au contraire il développe la croyance que *la vie égale batailles continuelles*, parce qu'il a construit sa fausse croyance-équation sur des situations ou des phrases telles qu'il faut toujours lutter pour avoir ce que l'on veut ou encore que, dans la vie, il n'y a rien de facile, son instinct de survie l'incitera à rechercher la confrontation. C'est en combattant qu'il se sentira vivant. Pour cette raison, il aura l'impression d'être en danger lorsqu'il se trouvera en période d'accalmie et il provoquera alors divers problèmes ou même des catastrophes afin de se sentir rassuré par les nombreuses batailles à mener.

Lorsque de telles tumeurs psycho-cancéreuses se généralisent à l'ensemble du fonctionnement, elles risquent de mener à une fatigue extrême, au découragement, à la dépression et même au désespoir qui, chacun à leur manière, représentent une menace de mort psychologique.

Parallèle psycho-physiologique

Pour mieux concrétiser la notion de cancer psychologique, nous pouvons effectuer un parallèle entre les tumeurs physiques malignes qui causent un cancer du cerveau et les tumeurs psychologiques malignes constituées pas les croyances-équations qui, elles, s'attaquent à la pensée.

LES TUMEURS CANCÉREUSES PHYSIQUES ET PSYCHOLOGIQUES

CANCER	DU CERVEAU (physique)	DE LA PENSÉE (psychologique)
Tumeurs causées par	Un développement cellulaire anarchique	De fausses croyances-équations
Provenance des tumeurs	Inconnue	- Peuvent être innées - Peuvent être acquises et provenir de paroles entendues ou de situations constatées
Logique	Ne suivent pas le déroulement logique de la division cellulaire	Ne suivent pas le raisonnement logique de la pensée
Impact potentiel	Peuvent envahir certaines zones du cerveau, perturber le fonctionnement neurologique et altérer certaines fonctions: - mémoire - motricité - vision - parole	Peuvent envahir le champ de la pensée, perturber le fonctionnement psychologique et altérer certaines fonctions: - mémoire - capacité d'avancer dans la vie - vision de la vie, des gens et de soi-même - capacité de s'exprimer logiquement
Quelques symptômes possibles	- Maux de tête - Convulsions - Épilepsie TROUBLES MENTAUX: - ralentissement intellectuel - ralentissement de l'activité - léthargie - difficulté de compréhension - modification de la personnalité - troubles comportementaux - troubles de l'humeur	- Sensation de tête engourdie - Confusion - Impression de perte de maîtrise TROUBLES PSYCHOLOGIQUES: - ralentissement intellectuel - ralentissement de l'activité - léthargie - difficulté de compréhension - modification de la personnalité - troubles comportementaux - troubles de l'humeur

LES TUMEURS CANCÉREUSES PHYSIQUES ET PSYCHOLOGIQUES
(suite)

CANCER	DU CERVEAU (physique)	DE LA PENSÉE (psychologique)
Traitement à privilégier	- Prise de conscience de la présence d'une tumeur cérébrale - Identification - Ablation	- Prise de conscience de la présence d'une fausse croyance-équation - Identification - Éradication
Traitement alternatif	LORSQUE NON OPÉRABLE : - Radiothérapie - Chimiothérapie	TOUJOURS OPÉRABLE

Les fausses croyances-équations proviennent toutes de l'enfance et, lorsqu'elles perdurent, elles se transforment en tumeurs psychologiques avec lesquelles une personne peut vivre pendant un certain temps sans en ressentir les effets dévastateurs. Elles risquent cependant de prendre de plus en plus de place dans le fonctionnement psychique et d'empêcher l'intervention de la logique dans plusieurs domaines.

Chez l'être humain, la logique se développe entre six et douze ans, d'abord dans les opérations concrètes et ensuite dans les opérations abstraites. Les fausses croyances-équations s'installent dans les premières années de vie, donc durant cette période où la logique n'existe pas encore. À partir de l'âge de six ans, la logique naissante permet généralement à l'enfant de donner une dimension plus réaliste à ses croyances, et la majorité de celles qui sont fausses s'estompent et disparaissent.

Parfois, certains enfants sont dans l'incapacité de confronter par la logique certaines de leurs croyances, particulièrement les fausses croyances-équations. Celles-ci demeurent alors bien vivantes pendant des années. Même lorsqu'ils sont devenus adultes, les croyances-équations conservent chez eux la priorité sur les pensées raisonnées. Ces croyances non résorbées peuvent alors altérer gravement leur fonctionnement psychologique en raison des menaces inconscientes à la survie qu'elles contiennent et des conflits intérieurs qu'elles créent :

- entre les pulsions et le surmoi (ce dernier correspond à l'intériorisation des exigences et des interdits parentaux) ;
- entre la volonté consciente et les désirs inconscients ;
- entre les comportements inadéquats et le désir de les voir cesser ;
- entre la partie adulte rationnel et la partie enfant émotif de la personnalité.

Pour nous permettre de mieux identifier la présence et la composition des fausses croyances-équations, nous verrons dans les prochains chapitres que certaines d'entre elles peuvent être innées, c'est-à-dire présentes à la naissance chez tous les enfants, alors que d'autres s'acquièrent au cours des premières années de vie.

CHAPITRE 2

Les tumeurs psychologiques innées

Tous les enfants naissent avec une programmation inconsciente instinctive, qui de ce fait agit automatiquement. Du point de vue physique, cet instinct leur permet de respirer, d'éliminer, de demander à être nourri, et ainsi de suite. Pour sa part, le côté psychologique est très peu développé ; il s'appuie sur trois croyances-équations présentes dès la naissance.

Les fausses croyances-équations innées

Les croyances-équations innées découlent directement du fait qu'à leur naissance, les enfants n'ont aucune notion de ce qu'est une limite. Pour eux, le monde se réduit à leur seule personne et aux sensations qu'ils éprouvent. Ils ne possèdent pas les notions de temps et d'espace ni non plus le concept de limites aux principes du plaisir et du pouvoir, ce qui les incite à croire que :

- « La solitude égale le vide. »
- « La vie égale plaisir. »

- « La vie égale omnipotence – c'est-à-dire : je suis capable de tout faire et de tout réussir. »

Ces trois fausses croyances-équations innées constituent les premières tumeurs psychologiques. Au départ, ces tumeurs sont bénignes, car elles ne sont pas installées de manière permanente et répondent très bien à un traitement visant à les éradiquer. De zéro à cinq ans, le traitement de ces tumeurs passe par l'établissement de limites physiques et comportementales sécuritaires qui amènent les enfants à réaliser qu'ils n'évoluent pas dans un vide et qu'il existe des frontières au plaisir ainsi qu'au pouvoir. La présence des gens qui l'entourent de même que les règles et les restrictions qu'ils appliquent fournissent au jeune enfant un cadre dont les délimitations lui inculquent progressivement les repères nécessaires à un sentiment de sécurité.

Sans règles ni restrictions, le jeune enfant a de la difficulté à développer son autonomie, à tenir compte d'autrui et à reconnaître les limites de son action. Sans l'intervention d'un cadre de compréhension et de fonctionnement, il ne parvient pas à confronter les trois fausses croyances innées et demeure persuadé que la solitude égale le vide, que la vie devrait égaler plaisir et qu'il devrait être capable de tout faire et de tout réussir. L'installation de la logique l'amène à confronter ces fausses croyances à la réalité, à prendre conscience de leur irrationalité et à les remplacer par des croyances plus réalistes. Cependant, les fausses croyances-équations de l'enfance n'ont pas toujours l'encadrement logique nécessaire et perdurent souvent durant l'adolescence et l'âge adulte, se transformant en tumeurs malignes qui créent des problèmes pouvant s'avérer majeurs et se transformer en cancers psychologiques :

- « La solitude égale le vide » peut engendrer la dépendance affective.
- « La vie égale plaisir » peut créer la frustration et l'insatisfaction continuelles.
- « La vie égale omnipotence : je suis capable de tout faire et de tout réussir » peut entraîner le perfectionnisme, la recherche absolue de performance, le décrochage scolaire, professionnel, familial et social ainsi que la perte d'estime de soi.

LES FAUSSES CROYANCES INNÉES

FAUSSES CROYANCES INNÉES DE L'ENFANCE	« LA SOLITUDE ÉGALE LE VIDE »	« LA VIE ÉGALE PLAISIR »	« LA VIE ÉGALE OMNIPOTENCE »
Croyance réaliste qui se développe avec la logique	La vie continue même dans la solitude	La vie est un mélange de plaisir et de déplaisir	Je suis capable de faire beaucoup, sans toutefois pouvoir tout faire
Fausse croyance qui perdure et se modifie à l'âge adulte	TUMEUR PSYCHIQUE : La solitude égale la mort	TUMEUR PSYCHIQUE : La vie devrait toujours être plaisir	TUMEUR PSYCHIQUE : Je devrais être capable de tout faire et de tout réussir
Peut entraîner	– Dépendance affective	– Frustration – Insatisfaction	– Perfectionnisme – Recherche absolue de performance – Mésestime de soi

Les trois fausses croyances innées constituent donc des tumeurs bénignes qui doivent se résorber et disparaître lorsque la raison prend place, mais, en l'absence d'un apport logique solide, elles ont la capacité de perdurer et de se transformer en tumeur maligne. Voyons comment chacune de ces fausses croyances innées peut devenir une tumeur psychologique cancéreuse et quels sont les symptômes et le profil comportemental qui leur sont associés.

Première tumeur psychologique innée

Tumeur constituée par la croyance « La solitude égale le vide ».

Type de cancer psychologique : incapacité d'être pleinement autonome.

Symptômes : dépendance, panique face à la solitude.

Développement de la tumeur

Tout enfant qui naît est incapable d'assurer ses besoins et est complètement dépendant des personnes qui l'entourent. Pour lui, la solitude constitue réellement un risque de mort, mais, durant ses premières années de vie, il développe lentement une certaine autonomie à travers le développement de ses capacités de marcher, de parler et de communiquer. Vers l'âge de six ans, l'apparition de la logique lui démontre que, même s'il se retrouve seul, il peut faire appel à de l'aide extérieure. Lorsque la logique intervient efficacement, la fausse croyance se résorbe d'elle-même et l'autonomie se développe normalement.

Cependant, même lorsque la logique est installée, de nombreux enfants ne parviennent pas à se convaincre que la solitude ne représente pas un danger et demeurent dépendants de la présence des autres. Parce qu'ils n'ont pas développé de réelle autonomie et qu'ils ont la fausse impression de n'être rien sans la présence des personnes significatives, ils vivent dans la peur continuelle de les voir disparaître et de se retrouver seuls, ce qui constituerait pour eux une forme de mort, de non-être.

C'est ainsi qu'on peut voir de jeunes enfants ressentir un tourment extrême et des symptômes physiques associés lorsqu'ils fréquentent l'école et doivent passer plusieurs heures loin de leurs parents. Ils présentent des troubles physiques divers pouvant aller jusqu'aux frissons et aux vomissements. Cette fausse croyance relative à la solitude est à la base de la phobie scolaire que ressentent de nombreux enfants. De tels symptômes sont directement liés à l'inquiétude, à l'anxiété qui les habite lorsqu'ils ne sont pas en contact étroit avec leurs proches. Ils craignent que leurs parents meurent pendant qu'ils sont à l'école et appréhendent de se retrouver ainsi seuls devant un grand vide. Ce type de panique indique que la croyance innée relative à la solitude ne s'est pas résorbée, qu'elle est devenue une tumeur psychologique maligne et qu'elle engendre une dépendance croissante.

Généralisation de la tumeur

Si elle n'est pas diagnostiquée et extraite, la tumeur psychologique risque de se généraliser. Elle ne se limite alors plus uniquement au fonctionnement familial et scolaire, mais peut également envahir les champs de la socialisation, de l'apprentissage intellectuel, de la confiance en soi et de l'estime personnelle. Si les réactions anxieuses de l'enfant sont trop vives, les parents peuvent consulter un psychologue ou un médecin, et le pire qui puisse arriver est que le jeune se voie prescrire des médicaments anxiolytiques pour calmer son angoisse. L'enfant devient temporairement moins anxieux, mais il n'apprend pas à gérer la solitude. La tumeur continue de progresser sournoisement.

La panique décrite précédemment est un symptôme grave que peut ressentir un enfant, mais la plupart des personnes qui vieillissent avec la fausse croyance relative à la solitude ont des réactions moins ardentes et n'expriment pas leurs craintes aussi ouvertement. Elles développent plutôt des ruses visant à éviter la solitude. D'une part, elles peuvent se montrer très dociles, soumises et serviables ou chercher à se rendre indispensables, toutes ces attitudes visant à éviter le rejet ou l'abandon. D'autre part, elles peuvent se montrer plutôt agressives, chercher à attirer l'attention à tout prix, le but étant de s'assurer qu'on n'oublie pas qu'elles existent.

Dans le cas où la réaction est plus mitigée, la fausse croyance continue d'étendre ses ravages, mais elle le fait de manière plus subtile et donc moins visible, car la personne a développé des mécanismes pour parvenir à vivre malgré la tumeur. Accompagné de son cortège de peurs – de l'inconnu, de l'avenir, du rejet, de l'abandon, de la trahison, etc. –, le cancer psychologique demeure cependant bien présent et perdure à l'adolescence et à l'âge adulte.

Symptôme : dépendance affective

Le principal symptôme développé par une personne qui ne parvient pas à se défaire de la fausse croyance relative à la solitude est une dépendance affective qui découle de l'impression d'être incapable de faire face à la vie sans aide.

Cette dépendance se traduit par une difficulté d'accéder à l'autonomie souvent associée à une propension à la soumission et au repli sur soi ou, à l'opposé, à un besoin de maîtrise extrême.

Profil comportemental

L'adolescence est une période cruciale pour l'acquisition de l'autonomie et elle est relativement difficile à traverser du fait qu'elle implique un conflit entre un besoin croissant de développer son indépendance individuelle et un désir de conserver la sécurité qu'apporte la dépendance face aux parents. C'est souvent la période des extrêmes, autant dans les joies que dans les peines. Par exemple, les peines d'amour représentent souvent une grande souffrance à l'adolescence. Elles sont cependant une occasion idéale de constater que la vie continue après une rupture affective. Cette prise de conscience permet de parachever l'évacuation de la tumeur qu'est la fausse croyance relative à la solitude. Cependant, lorsque la croyance demeure, l'adolescent peut vivre une panique intense devant certaines pertes, une rupture amoureuse provoquant le désespoir et, de ce fait, une sensation de mort psychologique. Il ressent alors une souffrance intolérable qui peut même le pousser à l'idéation suicidaire.

À l'âge adulte, la personne qui abrite encore cette croyance peut démontrer beaucoup d'autonomie dans certains domaines de sa vie comme, par exemple, son travail et ses finances personnelles, mais demeurer très asservie dans ses relations familiales et amoureuses. Lorsqu'une personne prend panique à la pensée de perdre les êtres chers, elle est souvent prête à tous les compromis pour prolonger leur présence. Elle peut même faire montre de comportements et d'attitudes démesurés. Elle peut ainsi s'avérer surprotectrice et sévère avec ses enfants afin qu'il ne leur arrive rien de fâcheux ou, au contraire, leur laisser pleine et entière liberté pour leur éviter des frustrations qui pourraient se traduire par du rejet à son égard. Dans ses relations amoureuses, elle pourra se montrer très possessive, exigeante et même étouffante pour l'être aimé ou, au contraire, lui laisser pleine liberté et accepter de se soumettre à toutes ses exigences. Dans les faits, la personne vivant sous le joug du cancer psychologique qu'est la dépendance affective est prête à presque tout pour perpétuer la présence de l'autre, et la logique a très peu de place dans ses agissements et ses réactions.

Traitement à l'aide de la psychologie chirurgicale

Qu'il s'agisse d'enfants, d'adolescents ou d'adultes, on peut chercher à diminuer ou faire cesser les attitudes inadéquates par des interventions psychologiques visant à soigner les symptômes, lesquels pourront se résorber partiellement, mais la personne est toujours à risque de voir la tumeur proliférer à nouveau puisqu'elle n'a pas été éradiquée.

Le moyen le plus efficace de venir rapidement en aide à un enfant, un adolescent ou un adulte souffrant, par exemple, de dépendance affective est de l'aider à s'attaquer directement à la fausse croyance-équation reliée à la solitude et à l'extraire de manière définitive. Comme nous le verrons plus loin, c'est une chirurgie psychologique simple et directe qui présente très peu d'effets secondaires et d'innombrables bénéfices.

Exemple de cancer psychologique engendré par la croyance-équation relative à la solitude

Pour mieux voir l'impact de la fausse croyance-équation relative à la solitude, voyons le cas d'une jeune femme de vingt-huit ans que j'ai rencontrée dans le cadre de ma pratique en psychologie chirurgicale et que nous suivrons tout au long du livre. Elle souffrait d'un cancer psychologique généré par la tumeur relative à la solitude ainsi que de divers troubles associés à ce type de cancer.

Caroline R. est une brunette, petite et toute menue, qui possède une entreprise informatique florissante qu'elle a mise sur pied en association avec son mari. Elle me raconte que, durant cinq années, elle a développé un bon réseau social et professionnel, ce qui lui a permis de bien remplir sa tâche qui était de trouver de nouveaux clients et de maintenir les liens avec eux. Deux ans plus tôt, elle s'est rendue à l'urgence d'un centre hospitalier avec une forte sensation d'oppression au niveau de la poitrine, persuadée qu'elle était victime d'un infarctus. Après divers examens démontrant qu'il n'y avait aucun problème cardiaque, le médecin lui a expliqué qu'il s'agissait sans doute d'une crise de panique due au stress relié à son travail. Il lui a prescrit une médication anxiolytique, mais les crises se sont tout de même reproduites à intervalles réguliers durant les mois qui ont suivi. Pour tenter de diminuer les attaques de panique, elle a commencé à éviter de plus en plus les endroits publics, ne se sentant en sécurité qu'au bureau et à la maison. Elle a décidé de consulter parce que son travail se ressent fortement de l'évitement, ce qui menace de mettre en péril la sécurité de l'entreprise et la stabilité de son mariage. Son mari, Carl, qui lui a d'abord apporté beaucoup de soutien, n'accepte plus la situation, l'accuse de paresse et de manque d'intérêt et elle se sent très coupable. Elle adore Carl, a l'impression qu'il est le seul à pouvoir l'empêcher de couler et, parce qu'elle craint qu'il ne la quitte, fait dorénavant montre d'une jalousie croissante.

Les troubles anxieux et la dépendance affective qu'elle m'a décrits m'ont immédiatement fait suspecter la présence d'un cancer psychologique. Un bref survol de sa vie m'a permis d'identifier rapidement la tumeur psychologique à la source du cancer.

Caroline, fille unique, a vécu une enfance heureuse avec des parents qu'elle adorait et qui ont toujours été présents pour elle. Malgré quelques difficultés d'adaptation reliées au fait de devoir quitter la sécurité de la maison familiale pour entrer à l'école, elle a présenté de bons résultats scolaires et a facilement obtenu un diplôme d'études collégiales en techniques informatiques. Son adolescence s'est déroulée dans la compagnie de nombreux amis, mais elle a toujours eu des difficultés à assumer les ruptures, qu'elles soient amicales ou amoureuses. Dans les faits, Caroline n'avait jamais appris qu'elle était capable de vivre seule et elle avait l'impression qu'il lui fallait absolument être entourée pour survivre. La solitude représentait donc une très grande menace.

De longs sanglots très violents l'ont secouée lorsqu'elle m'a fait part du décès de sa mère, cette grande amie sur laquelle elle pouvait compter en tout temps, décès qui était survenu neuf ans plus tôt, à la suite d'un cancer du sein qui s'était généralisé. Pendant que Caroline me racontait cette pénible étape, j'avais l'impression d'avoir devant moi une toute petite fille de quatre ou cinq ans enfermée dans une détresse totale. Durant une accalmie de larmes, elle m'a déclaré qu'elle n'avait jamais vraiment pleuré sa mère, même si son départ lui avait causé une peine immense et une sensation de vide intense. Au moment du décès, son père vivait un désespoir tellement profond qu'elle a eu peur de le perdre lui aussi et qu'elle a consacré son temps et son énergie à l'encourager et à lui remonter le moral. Elle a comblé la sensation de vide qui l'habitait avec les préparatifs du mariage à venir et avec le tourbillon engendré par la mise en place de la nouvelle entreprise. Son père a refait surface et, l'année suivante, il rencontrait une nouvelle flamme. Toute l'attention de Caroline s'est alors reportée sur Carl qui est rapidement devenu sa raison de vivre. Elle m'a répété d'ailleurs à plusieurs reprises que sans lui, la vie n'existerait pas et, chaque fois, elle éclatait en pleurs et ajoutait avoir tellement peur de le perdre.

Le cancer psychologique de Caroline découlait directement de la tumeur source reliée à la solitude, cette fausse croyance-équation qui dit que la solitude égale le vide. Elle avait l'impression profonde que, seule, elle n'était rien.

Tout au long de cet ouvrage, nous poursuivrons l'étude du cas de Caroline. Nous verrons d'abord comment une intervention psychochirurgicale lui a permis de se défaire de la fausse croyance reliée à la solitude, comment cette fausse croyance-équation innée a engendré d'autres fausses croyances acquises, quelles étaient les sources de sa peine, de sa jalousie et de l'insuffisance qui l'a conduite au trouble panique et, surtout, comment la psychologie chirurgicale lui a permis de réparer les dommages.

Deuxième tumeur psychologique innée

Tumeur constituée par la croyance « La vie égale plaisir ».

Type de cancer psychologique : incapacité à accepter les refus et les difficultés.

Symptômes : frustration, intolérance et violence.

Développement de la tumeur

À sa naissance, le bébé est doté d'un instinct qui le pousse à éviter ce qui est désagréable : il crie lorsqu'il a faim ou que sa couche est souillée, s'il a trop chaud ou trop froid ou quand il a des coliques. Il clame son malaise parce qu'il est incapable d'endurer les contrariétés. Son attitude se fonde sur une croyance innée qui lui dit que la vie devrait être synonyme de plaisir. En grandissant, l'enfant doit faire face à une réalité qui comporte obligatoirement plusieurs déplaisirs, et cette expérimentation lui enseigne peu à peu la patience, la tolérance, l'ouverture d'esprit et le respect. Il apprend ainsi à accepter plus facilement les délais, les attentes et les refus même si, au début, il ne comprend pas les motifs qui les sous-tendent. Lentement, l'acquisition de la logique l'amène à réaliser que tous les plaisirs ne sont pas compatibles et que, de ce fait, certains déplaisirs sont inévitables. La fausse croyance selon laquelle *la vie égale plaisir* peut alors se résorber et disparaître, laissant place à l'acceptation de la réalité et donc à une certaine résignation devant de possibles déplaisirs.

Si la fausse croyance demeure, le cerveau continue de croire que *la vie égale plaisir*. Il considère qu'il faut toujours du plaisir pour se sentir vivant et que, de ce fait, le déplaisir représente une sensation de mort. Une telle croyance peut facilement entraîner une certaine panique devant les désagréments. Lorsqu'un parent répond positivement à tous les caprices d'un enfant parce qu'il l'aime, qu'il veut être aimé par lui ou plus simplement pour éviter les conflits, l'enfant n'apprend pas à composer avec la réalité quotidienne qui comporte de nombreux déplaisirs inévitables. Les enfants qui conservent la fausse croyance que *la vie égale plaisir* peuvent développer divers comportements agressifs et violents qui découlent de cette panique, la satisfaction d'un désir devenant inconsciemment une question de vie ou de mort. Même au moment de l'acquisition de la logique, ces enfants continuent de se montrer réfractaires au déplaisir. Ils éprouvent toujours une forte tension devant les refus ou les contrariétés et, de ce fait, ils vivent des frustrations sur une base régulière. C'est dans cette catégorie qu'on retrouve les enfants dits enfants-rois, ainsi que les enfants colériques, violents et explosifs. Ces attitudes démontrent que la fausse croyance relative au plaisir ne s'est pas résorbée, qu'elle se transforme en tumeur psychologique maligne et que l'insatisfaction ne pourra qu'être croissante.

Généralisation de la tumeur

Lorsque cette tumeur psychique n'est pas diagnostiquée et résorbée, elle risque de se généraliser. Les comportements inacceptables qui se présentaient d'abord à la maison et à la garderie se produisent par la suite à l'école, dans les activités sportives ou de loisir et avec les groupes d'amis. L'enfant qui présente des attitudes inadéquates peut être confronté au rejet de ses proches et de ses pairs, ainsi qu'à diverses autres conséquences négatives qui lui créent autant de déceptions et de frustrations supplémentaires.

Qu'un enfant soit explosif, agressif ou plus simplement très exigeant, il ne peut néanmoins tout obtenir et contourner continuellement les règles. Il en vient à devoir affronter les conséquences négatives, souvent de plus en plus pénibles, reliées à ses actions. Il peut alors se conformer partiellement aux attentes qu'on a par rapport à lui, mais, fondamentalement, il continue de refuser le déplaisir et vit avec une frustration latente qui peut refaire surface en tout temps.

Quand un enfant continue de croire que la vie doit être plaisir, mais qu'il réalise qu'il lui est impossible de vivre en dictateur absolu, il peut développer diverses formes de manipulation pour quand même parvenir à ses fins ou, au contraire, cesser d'avoir des attentes afin d'éviter la déception. La fausse croyance continue d'étendre ses ravages de manière plus subtile, mais le cancer psychologique demeure bien présent et se perpétue à l'adolescence et à l'âge adulte avec son lot de déceptions, d'insatisfactions et de frustrations.

Symptômes : frustration, intolérance, violence ou goût de vivre déficient

Un des symptômes principaux de la présence de la fausse croyance reliée au plaisir est une tendance persistante à la frustration, que celle-ci soit constamment perceptible ou qu'elle soit latente. L'autre symptôme principal consiste en l'absence relative du goût de la vie, qu'il soit très criant et se manifeste par le découragement ou qu'il soit plus effacé et prenne la forme d'un manque de motivation.

Profil comportemental

À l'adolescence, l'esprit logique est bien développé, tant en ce qui touche les notions concrètes qu'en ce qui relève des concepts abstraits. Le jeune devrait donc être apte à effectuer les raisonnements qui lui démontrent que la vie ne peut pas être qu'agrément. Cependant, lorsque la tumeur psychique reliée au plaisir perdure, son impact a priorité sur le raisonnement logique parce qu'elle est instinctive, et qu'elle agit donc automatiquement. Elle peut pousser le jeune vers la consommation de substances qui lui apportent du plaisir ou à tout le moins lui font temporairement oublier les déplaisirs auxquels il est confronté. C'est aussi à cette période de transition que certains adolescents aux prises avec cette tumeur adoptent des comportements manipulateurs ou violents dont le but premier est de s'assurer qu'ils obtiennent la satisfaction de leurs désirs, d'une manière ou d'une autre.

L'infestation de la pensée par la fausse croyance peut engendrer un comportement contraire et pousser le jeune à se replier sur lui-même, à cesser d'effectuer des demandes et à décrocher partiellement de la réalité. Il ne voit pas pourquoi il continuerait de s'investir dans une vie aussi décevante. Le retrait correspond alors à une forme de mort de l'âme qui est très souffrante et qui peut être anesthésiée par la prise de certaines substances toxiques. Cependant, comme l'adolescence est la période des extrêmes, le jeune peut parfois décider de mettre fin à sa souffrance en posant des actes suicidaires.

À l'âge adulte, la personne qui continue de nourrir cette fausse croyance peut présenter un profil narcissique, égocentrique et despotique. Elle considère que le monde tourne autour d'elle et que les autres sont d'abord là pour satisfaire ses besoins et ses désirs. Elle peut tenter d'asservir son conjoint et ses enfants à ses propres besoins ou au contraire considérer qu'ils ont droit aux mêmes privilèges et exiger des gens et du monde environnants qu'ils satisfassent en priorité les besoins des membres du groupe familial. Cependant, à l'opposé, une personne souffrant de la même tumeur peut démontrer des signes de passivité, d'indifférence et même de dépression. Elle a perdu confiance dans une vie qui, elle en est persuadée, devrait s'avérer facile et agréable, mais qui, dans les faits, présente de nombreuses difficultés et complications. Cette persuasion fondamentale empêche son esprit logique d'équilibrer sa perception de l'existence.

Traitement

La médication et les thérapies psychologiques traditionnelles permettent de soigner les symptômes reliés à ce type de tumeur psychique, mais ne s'attaquent pas à la source du cancer. On peut chercher à diminuer les comportements agressifs, violents et manipulateurs, de même que les tendances dépressives, par diverses thérapies cognitivo-comportementales ou analytiques, ainsi que par l'utilisation de médicaments anxiolytiques et antidépresseurs. Mais, comme la racine même du cancer n'est pas supprimée, la tumeur demeure et les mêmes symptômes risquent de ressurgir ultérieurement.

La psychologie chirurgicale considère que le moyen le plus efficace de venir en aide à un enfant, un adolescent ou un adulte souffrant de frustration régulière ou d'intolérance consiste à s'attaquer directement à la fausse croyance relative au plaisir. En la ramenant au niveau de la conscience et en la confrontant à la réalité grâce à l'esprit logique, on peut l'extraire de façon définitive.

Exemple de cancer psychologique engendré par la croyance-équation relative au plaisir

Au fil des années, j'ai travaillé sur de nombreux cas de cancers psychologiques engendrés par la fausse croyance-équation relative au plaisir. Parmi ceux-ci, le plus captivant qu'il m'ait été donné de rencontrer est celui de Marcel D., un homme dans la cinquantaine qui avait relativement bien réussi dans la vie avant de plonger dans l'enfer de la surconsommation de cocaïne et de devenir itinérant.

Lorsque j'ai rencontré Marcel pour la première fois, il s'est avancé avec une démarche lente, un regard fuyant, le dos un peu voûté et une attitude rigide qui dénotait une certaine méfiance. Il m'avait entendu parler du ressentiment lors d'une conférence et m'a dit vivre cette problématique sur une base régulière. J'ai constaté rapidement qu'il se sentait constamment frustré, avait tendance à s'apitoyer sur son sort et vivait régulièrement du ressentiment envers la vie et les nombreuses personnes qui l'entouraient ou l'avaient entouré. Il était clair qu'il ne parvenait pas à accepter que la vie comporte des difficultés et qu'il faille faire de nombreux compromis. Un bref historique de sa vie a apporté un éclairage rapide sur la source du cancer psychologique qui le grugeait.

Marcel était le cadet d'une famille de douze enfants, né alors que ses parents avaient tous deux dépassé la mi-quarantaine et croyaient leur famille complétée depuis quatre ans déjà. C'était un petit blondinet joufflu, à qui l'on passait tous ses caprices. La famille vivait à la campagne dans une relative pauvreté, mais, même s'il se plaignait d'avoir dû marcher pieds nus ou porter les chaussures éculées de ses aînés, Marcel parlait beaucoup du bonheur ressenti à glisser sur les longues pentes enneigées l'hiver et aux heures passées aux abords du ruisseau à pêcher avec une chaudière trouée. On lui assignait des tâches reliées à l'entretien du bétail ou des bâtiments de ferme, mais il réussissait le plus souvent à les éviter et se rendait pratiquer ses sports favoris. On lui pardonnait facilement ses manquements ainsi que les crises de colère et de rage qui accompagnaient le moindre refus. Il possédait une bonne intelligence, mais, comme l'école lui apportait beaucoup de contrariétés, il refusait de faire ses devoirs et d'étudier ses leçons. Il a recommencé trois fois la troisième année du primaire et trois fois la sixième année. Il a quitté l'école à quatorze ans et a travaillé dans les fermes avoisinantes contre rémunération.

À dix-sept ans, il a obtenu son permis de conduire et est devenu camionneur sur longue distance, un métier qu'il adorait parce qu'il y avait peu de comptes à rendre. Il s'est marié au début de la vingtaine, a eu un fils dont il s'est peu occupé, en raison de ses nombreux déplacements et au temps qu'il octroyait à ses passe-temps, la course automobile et la motocyclette. Ces deux loisirs lui apportaient de grandes sources de plaisir en lui procurant un sentiment de liberté, de l'adrénaline à profusion et une sensation d'évasion par la consommation de marijuana et de hachisch. Le mariage s'est soldé par un divorce quelques années plus tard.

Dans la trentaine, il a travaillé très dur et a acquis son propre camion-remorque. Chaque fois qu'il me mentionnait ce camion, il utilisait le mot magnifique et ses yeux brillaient d'une lueur spéciale, presque amoureuse. Il a accumulé les aventures et continué de s'adonner à ses activités de loisir favorites, ajoutant, de temps à autre, l'utilisation de la cocaïne afin de contrer la fatigue ressentie suite aux longues heures de travail. Au début de la quarantaine, alors qu'il vivait une relation amoureuse stable, il a cessé ses activités de course automobile et de motocyclette et il a plongé dans une consommation accélérée de cocaïne. Il avait désormais l'impression que la substance était devenue sa seule source de plaisir, mais sa consommation exigeant des moyens financiers croissants, Marcel s'est mis à travailler sept jours par semaine, souvent plus de quinze heures par jour, négligeant sa famille, sa santé et l'entretien de son camion. La cocaïne était devenue sa seule raison de vivre, son seul plaisir et gare à qui essayait de le faire ralentir. Sa conjointe l'a quitté et il a dû se défaire à rabais de ce camion qu'il avait tant aimé. Après quelques années de surconsommation, Marcel était devenu l'ombre de lui-même, vivant désormais dans la rue et dormant dans les refuges pour sans-abri. Vers l'âge de quarante-cinq ans, à bout de forces et de ressources, il a entrepris une cure fermée de quelques mois en maison de thérapie et a cessé la consommation de cocaïne.

Cependant, même après avoir cessé de consommer et repris une vie plus régulière, son fonctionnement psychologique demeurait fortement infecté par la frustration et l'instabilité. Même si la réalité lui avait souvent démontré qu'il est impossible de n'avoir que du plaisir, il continuait de vivre une frustration quasi automatique devant les refus et les désagréments.

Au fil des différents chapitres, nous verrons les autres fausses croyances problématiques qui se sont développées en association avec le cancer psychologique de Marcel et comment la psychologie chirurgicale lui a permis de les résoudre.

Troisième tumeur psychologique innée

Tumeur constituée par la croyance « La vie égale omnipotence ».

Type de cancer psychologique : incapacité à reconnaître ses limites.

Symptômes : perfectionnisme et recherche absolue de performance.

Développement de la tumeur

Parce qu'ils n'ont aucune conscience des limites qui encadrent leurs possibilités d'action, les enfants sont convaincus qu'ils sont capables de tout faire et de tout réussir. Il s'agit d'observer un enfant de deux ou trois ans pour réaliser à quel point il veut tout faire seul et s'organiser par lui-même. Les petits sont peu à peu confrontés à l'impuissance dans plusieurs domaines, mais ils comptent alors sur les plus grands pour venir à leur rescousse, car ils demeurent persuadés que ceux-ci ont tous les pouvoirs. L'enfant perçoit ses parents comme tout-puissants et il croit fermement qu'en grandissant il sera comme eux. Vers l'âge de six ou sept ans, l'apparition de la logique lui permet de commencer à constater que le pouvoir d'une personne est relatif et qu'il est impossible de tout réussir. Habituellement, la croyance reliée à l'omnipotence se résorbe peu à peu et l'enfant apprend à reconnaître les limites de son pouvoir et de ses capacités. L'exigence de réussite est remplacée par la satisfaction de bien faire.

Cependant, lorsque la fausse croyance-équation perdure et qu'un enfant continue de croire qu'il est capable de tout faire et de tout réussir, son cerveau peut considérer le succès comme un objectif qu'il est obligatoire d'atteindre et articuler l'estime de soi autour de la capacité de performance. Les erreurs et les échecs représentent alors des menaces à la perception que l'enfant a de lui-même. Il se sent obligé de performer pour conserver une vision positive de lui-même ainsi que l'amour d'autrui. Les attentes sont souvent très grandes envers un enfant perfectionniste et performant. Il reçoit des encouragements tant de ses parents que des enseignants et des responsables d'activités, ce qui renforce encore sa croyance en son aptitude à tout faire et à tout réussir. Dès lors, l'enfant affecté par cette tumeur se sent obligé de démontrer des qualités exceptionnelles, tant au niveau scolaire que dans ses activités sportives et de loisirs. Il cherche toujours à se surpasser et vise l'atteinte de la perfection dans toutes ses réalisations.

La présence du perfectionnisme et de la recherche absolue de performance chez les enfants démontre que la fausse croyance-équation relative à la toute-puissance ne s'est pas résorbée avec l'apparition de la logique et qu'elle se transforme en tumeur psychologique maligne.

Généralisation de la tumeur

Si la tumeur psychique maligne reliée à l'omnipotence n'est pas identifiée et extraite, le perfectionnisme et l'obligation de performance risquent de s'étendre, d'envahir les différentes zones de fonctionnement et d'affecter chez l'enfant la perception de soi-même, des autres et de la vie. Car, aussi performant soit-il, le petit perfectionniste ne peut pas toujours tout réussir et il est immanquablement confronté à des impossibilités, des erreurs ou des échecs. Ce sont là autant d'opportunités qui se présentent pour l'amener à prendre conscience qu'il jouit d'un grand potentiel, mais qu'il n'existe pas une seule personne dans le monde qui possède la toute-puissance.

Bien que confrontée à la réalité, la fausse croyance relative à l'omnipotence peut demeurer en sourdine, l'enfant continuant de rechercher la réussite à tout prix même si son esprit rationnel lui suggère qu'il est impossible d'y parvenir. Il est alors tiraillé par un lourd conflit intérieur entre la logique et les pulsions engendrées par la croyance, un conflit qui provoque différents types de réactions. Par exemple, l'enfant peut s'accrocher à sa croyance et continuer de déployer toute son énergie en fonction de la réussite sans tenir compte des impératifs de la réalité ou, à l'opposé, se convaincre qu'il n'a aucune valeur, puisqu'il est incapable de tout faire et de tout réussir. Le cancer psychologique se propage.

Symptômes : perfectionnisme, obligation de performance ou démotivation

Le principal symptôme qui dénote la présence de la fausse croyance reliée à la toute-puissance est le perfectionnisme, qui se caractérise par une tendance obsessionnelle à rechercher la réussite, à vouloir se montrer irréprochable et à ne jamais décevoir. Le perfectionniste estime sa propre valeur en termes de productivité et de performance et il éprouve peu de satisfaction, puisqu'il atteint rarement ses objectifs très élevés. La recherche de la perfection dénote un besoin de maîtriser sa vie et son environnement qui répond à une forte insécurité. Elle peut provoquer un besoin irrépressible de succès ou, au contraire, pousser une personne au désengagement et à la procrastination.

Profil comportemental

À l'adolescence, la logique du jeune est développée et elle devrait lui permettre de bien comprendre que la perfection est un objectif inatteignable, donc irréaliste. Malheureusement, la tumeur psychique relative à la toute-puissance résiste souvent à la raison. Devant la pression intense exercée par la tumeur, les jeunes peuvent possiblement se créer des obligations de performance en cherchant constamment à se dépasser au niveau familial, scolaire, sportif ou culturel. Mais ils peuvent, au contraire, baisser les bras devant une tâche qui leur semble écrasante en décrochant de la famille, de l'école ou des activités qui provoquent chez eux une tension. La tumeur peut les inciter à se réfugier dans l'alcool, les drogues ou les jeux vidéo, que ce soit pour se donner l'impression d'être vraiment tout-puissants ou au contraire pour oublier qu'ils ne le sont pas. Certains jeunes se montrent parfaitement imbus d'eux-mêmes, voire narcissiques, et ne ressentent aucune empathie ni aucun intérêt pour ceux qu'ils considèrent faibles, donc inférieurs. Ces jeunes sont cependant incapables de faire face à l'échec et, si celui-ci se présente, il est perçu comme un coup de poignard en plein cœur. À l'opposé, l'infestation de la pensée par la fausse croyance reliée à l'omnipotence amène d'autres jeunes à abdiquer. Ils projettent alors une estime de soi totalement déficiente, sont sujets entre autres à la procrastination, au manque de soin et d'hygiène personnelle et au repli sur soi. Le cancer psychologique s'étend.

Avec l'âge, la personne qui continue à nourrir la fausse croyance relative à la toute-puissance devient habituellement moins extrémiste, mais elle conserve néanmoins des tendances à l'intransigeance envers elle-même, ses proches et ses collègues de travail. On rencontre ce type d'attitude chez, entre autres, les bourreaux de travail, les *supermen* ou les *superwomen* et les gens souffrant d'épuisement professionnel. À l'inverse, un adulte aux prises avec cette même tumeur psychologique peut se réfugier dans les atermoiements et avoir de la difficulté à s'investir et à progresser dans les tâches quotidiennes, les relations interpersonnelles ou les projets d'avenir. Les personnes qui ont décroché à l'adolescence parviennent difficilement à remettre le pied à l'étrier par la suite et peuvent même développer une tendance au découragement et à la dépression.

Traitement

Diverses formes de thérapies psychologiques traditionnelles permettent de diminuer les symptômes associés à cette tumeur psycho-cérébrale. Elles peuvent donner à la personne atteinte des outils pour mieux gérer le stress et l'anxiété reliés à la quête de performance, pour l'amener à réprimer partiellement sa recherche de perfection ou pour l'aider à retrouver une certaine motivation en cas de dépression ou d'épuisement professionnel. Quant à l'utilisation de médicaments anxiolytiques, elle vise le soulagement de ces mêmes troubles par des moyens chimiques. Ces formules thérapeutiques s'attaquent aux manifestations de la tumeur, mais le cancer n'est pas éradiqué pour autant. Il continue de se généraliser, et les symptômes pourront ressurgir ultérieurement, parfois sous la forme de diverses maladies et malaises physiques.

Le moyen le plus direct pour soigner un enfant, un adolescent ou un adulte souffrant de perfectionnisme, de procrastination ou de démotivation chronique est, nous l'avons mentionné déjà, de s'attaquer directement à la fausse croyance reliée à l'omnipotence et de la supprimer par une intervention ciblée de la logique, ce qui sera abordé plus en profondeur dans le chapitre suivant.

Exemple de cancer psychologique engendré par la croyance-équation relative à l'omnipotence

Il m'a été donné de travailler auprès de nombreux perfectionnistes et tous, sans exception, avaient conservé la croyance relative à l'omnipotence. Certains cherchaient à être des humains le plus parfaits possible en termes de valeur morale, d'autres souhaitaient que leurs avoirs et leur propre personne présentent toujours une image idéale et, enfin, il y avait ceux qui visaient la performance et la réussite absolue dans toutes leurs actions. L'être, le paraître et le faire. Certains visaient la perfection dans chacun des trois domaines alors que d'autres s'étaient spécialisés dans l'un d'eux. Parmi ceux-ci, j'ai retenu le cas de Laura F., une femme ayant visé la performance pendant des dizaines d'années et qui, malgré les nombreuses réussites, souffrait d'un découragement croissant.

Laura F. est une femme dans la quarantaine très intelligente, qui possède une belle apparence, est très articulée et s'exprime facilement. Elle est la mère d'une adolescente rebelle qui lui cause de nombreux soucis. Lors de notre première rencontre, j'ai immédiatement détecté une grande tristesse dans son regard. Les modulations de sa voix et les paroles prononcées qui alternaient constamment entre force et faiblesse, entre joie et peine, ou encore entre le désir de vaincre et celui de baisser les bras m'ont rapidement fait percevoir une profonde détresse. Après une vingtaine de minutes, elle avait établi l'image qu'elle avait d'elle-même : « J'ai déjà été capable de tout faire et je ne suis plus capable de rien faire. Je suis devenue complètement nulle. »

Il m'est dès lors apparu évident qu'elle souffrait d'un grave cancer psychologique généré par la croyance relative à l'omnipotence, cancer qui s'était généralisé à l'ensemble de son fonctionnement, la rongeait de l'intérieur et la maintenait dans l'insatisfaction, la mésestime de soi et le découragement.

Elle avait décidé de me contacter parce qu'elle avait de la difficulté à fonctionner, éprouvait une rancune grandissante envers sa fille et ne trouvait plus aucun agrément dans un emploi qu'elle s'apprêtait à quitter. Elle avait l'impression d'être submergée par d'innombrables problèmes et elle voulait que sa vie retrouve un équilibre et un sens. Elle se sentait de plus en plus découragée, parlait « d'écœurantite » aiguë et ne voyait plus comment elle pourrait s'en sortir un jour. Elle me disait avoir perdu l'espoir, le courage et la volonté dont elle avait fait preuve pendant si longtemps.

Elle m'a raconté que son enfance s'était déroulée dans une atmosphère familiale dysfonctionnelle due à un problème d'alcoolisme chez son père. Elle ressentait constamment l'obligation de protéger sa mère qu'elle adorait et qui le lui rendait bien ainsi que celle de résoudre les problèmes familiaux. Ses parents avaient divorcé alors qu'elle était très jeune et à une époque où le divorce était encore très mal vu. Elle avait l'impression d'avoir toujours été grande, de ne jamais avoir été une enfant. Elle me disait s'être toujours montrée efficace et responsable, et ce, depuis qu'elle était toute petite, ce dont elle était très fière.

À l'école, elle obtenait des résultats scolaires moyens, car elle était plus préoccupée par la survie familiale que par sa réussite scolaire, mais ses professeurs la félicitaient souvent pour son grand sens des responsabilités. Sa vie professionnelle s'était plus tard articulée autour d'événements et d'organisations qui présentaient de grands défis et devant lesquels son expertise en résolution de problèmes s'avérait primordiale. Sa vie amoureuse s'était modelée sur son fonctionnement global et s'était traduite par une accumulation de situations compliquées et problématiques avec des conjoints alcooliques, toxicomanes ou simplement irresponsables. Elle était consciente de toujours reproduire les mêmes patterns d'échec amoureux, mais ne savait pas comment arrêter ce cercle vicieux.

Quatre ans plus tôt, Laura avait subi un grave traumatisme crânien causé par un accident. Les séquelles du traumatisme avaient engendré de si nombreux problèmes et complications que la détermination, la volonté et le courage dont elle avait fait preuve jusque-là ne suffisaient plus à tout régler. Elle s'était retrouvée avec quantité de difficultés non résolues et, comme à ses propres yeux sa valeur passait par sa grande capacité à régler les problèmes, son estime d'elle-même avait chuté radicalement. Selon elle, si elle était incapable de tout faire et tout réussir, elle était alors carrément incompétente.

Dans les chapitres subséquents, nous étudierons le cas de Laura. Nous découvrirons comment elle a éradiqué la croyance relative à l'omnipotence, comment des croyances-équations acquises sont venues s'ajouter à la fausse croyance-équation innée pour permettre la prolifération du cancer, comment la peur de vivre en est venue à occuper une place prépondérante dans sa vie et, surtout, comment la psychologie chirurgicale est intervenue pour lui redonner le goût d'avancer à nouveau.

En terminant le présent chapitre, voici sous forme de tableau les principaux éléments de développement sain et malsain des fausses croyances innées.

LES FAUSSES CROYANCES INNÉES

CROYANCE	**LA SOLITUDE ÉGALE LE VIDE**	**LA VIE ÉGALE PLAISIR**	**LA VIE ÉGALE OMNIPOTENCE**
Sans la logique	L'ENFANT PENSE : – que la solitude égale la mort. – qu'il est incapable de survivre seul.	L'ENFANT PENSE : – que la vie devrait toujours être agréable. – qu'il devrait obtenir tout ce qu'il désire.	L'ENFANT PENSE : – qu'il possède la toute-puissance. – qu'il n'y a rien d'impossible.
Développement de peurs	– Peur de la mort – Peur du rejet – Peur de l'abandon	– Peur du refus – Peur d'être déçu	– Peur de l'échec – Peur de l'erreur – Peur de décevoir

LES FAUSSES CROYANCES INNÉES
(suite)

CROYANCE	LA SOLITUDE ÉGALE VIDE	LA VIE ÉGALE PLAISIR	LA VIE ÉGALE OMNIPOTENCE
Avec l'intervention de la logique	L'ENFANT COMPREND : – que la vie continue même en l'absence de personnes significatives. – qu'il n'est jamais complètement seul. – qu'il y a toujours des personnes auxquelles se référer pour assurer sa sécurité. – que la solitude procure des moments privilégiés.	L'ENFANT COMPREND : – qu'il n'est pas le centre du monde. – qu'il ne peut obtenir tout ce qu'il désire. – que tous les plaisirs ne sont pas compatibles. – que tout n'est pas toujours facile. – que les autres ont aussi leur place.	L'ENFANT COMPREND : – qu'il y a des limites à son pouvoir. – qu'il ne peut maîtriser les gens et les événements. – que sa liberté s'arrête là où commence celle des autres. – que personne n'est capable de tout faire et de tout réussir.
Si la fausse croyance demeure, elle devient :	UNE TUMEUR PSYCHIQUE : « La solitude égale danger »	UNE TUMEUR PSYCHIQUE : « Le déplaisir égale danger »	UNE TUMEUR PSYCHIQUE : « L'impuissance égale danger »
Comportements possibles engendrés par la tumeur	– Panique – Dépendance affective – Soumission – Besoin de dominer les proches	– Panique – Frustration – Despotisme – Colère – Décrochage – Découragement – Violence	– Panique – Perfectionnisme – Recherche absolue de performance – Narcissisme – Démotivation – Mésestime de soi

CHAPITRE 3

Chirurgie des tumeurs psychologiques innées

Lorsqu'une tumeur cancéreuse est diagnostiquée dans le corps humain, la priorité est donnée à son éradication complète quand elle est bien délimitée et qu'elle n'a pas commencé à se généraliser. Une chirurgie ciblée permet d'extraire la masse cancéreuse et les tissus avoisinants qui pourraient être affectés. Dans certains cas, l'intervention chirurgicale s'avère suffisante, alors que dans d'autres situations elle doit s'accompagner de traitements de radiothérapie ou de chimiothérapie qui visent la disparition complète des cellules cancéreuses.

Le procédé est similaire en cas de tumeurs psychologiques. Après qu'une fausse croyance-équation a été identifiée, une chirurgie psychologique permet de l'éliminer complètement. Chez les enfants, l'intervention psychochirurgicale est habituellement suffisante, car la tumeur psychique est bien délimitée et n'a pas commencé à produire de dommages collatéraux. Chez un adulte qui a conservé de fausses croyances-équations, la psychologie chirurgicale parvient à enrayer la propagation du cancer psychologique, mais la personne garde souvent des séquelles basées sur les peurs irrationnelles engendrées par les fausses croyances-équations. Sa vie peut être hypothéquée aux niveaux amoureux, professionnel et familial et elle aura possiblement besoin d'une aide psychologique additionnelle pour réparer les dommages associés à la tumeur.

Le processus psychochirurgical

Nous savons que les fausses croyances-équations ne correspondent pas à la raison et sont de ce fait irrationnelles. C'est pourquoi, la logique, qui constitue une manière de raisonner juste et cohérente, est un outil d'intervention essentiel en ce qu'elle permet d'identifier ces fausses croyances, de prendre conscience du non-sens autour duquel elles sont articulées, de les confronter à la réalité existante et de faire le choix éclairé de les déprogrammer. L'apport de la logique est nécessaire en ce qui touche les trois premières étapes du processus psychochirurgical.

ÉTAPE 1 : DÉTECTION DE LA TUMEUR

La première étape conduisant à l'ablation des tumeurs psychologiques consiste à les détecter et à prendre conscience de leur présence. Comme elles sont à la base de la majorité des problèmes psychologiques, c'est d'abord elles qu'on doit rechercher. Toute personne souffrant d'un mal-être persistant, d'anxiété généralisée, de propension à la panique, de dépression, de phobies diverses, de dépendance affective ou de tout autre désordre psychologique doit savoir qu'au moins une fausse croyance-équation a pris racine dans son mode de pensée.

ÉTAPE 2 : IDENTIFICATION DE LA TUMEUR

La seconde étape vers l'extraction des tumeurs consiste à les identifier. Il faut d'abord déterminer s'il s'agit d'une tumeur bénigne ou si elle est plutôt de type malin.

Pour en faciliter l'identification, il faut se souvenir que, dans le cas des fausses croyances simples ou bénignes, la logique peut avoir de l'influence sur la croyance parce que cette fausse croyance est nuancée, alors que, dans le cas des fausses croyances-équations ou malignes, la logique n'a aucune emprise sur elles et la personne atteinte répète de façon rigide et sans nuances les modèles négatifs et destructeurs sans que son esprit rationnel puisse intervenir. Une certaine lassitude indique souvent la présence d'une fausse croyance simple, tandis que le découragement et le désespoir permettent de supposer l'existence d'une fausse croyance-équation destructrice.

Lorsque la présence d'une croyance-équation innée est suspectée, il faut en identifier la constitution.

- *La solitude égale le vide* pour ceux qui vivent de la dépendance affective, qui cherchent à s'accrocher à tout prix à d'autres personnes ou qui sont prêts à tout pour ne pas être rejetés.
- *La vie égale plaisir* chez les personnes qui ont la frustration facile, qui refusent le désagrément ou qui semblent détester la vie.
- *La vie égale omnipotence* pour les gens qui sont persuadés qu'ils devraient être capables de tout faire et de tout réussir, qui sont perfectionnistes et qui recherchent la performance absolue.

Il faut ensuite passer à la troisième étape qui consiste à regarder la fausse croyance bien en face à travers la loupe de la raison et du bon sens.

ÉTAPE 3 : CONFRONTATION LOGIQUE DE LA TUMEUR

Dans la notion de croyance-équation, le terme équation signifie *toujours* et entraîne une notion d'impossibilité à contourner. Ces croyances se sont développées durant l'enfance, à une époque de vie où la logique n'était pas encore développée. Pour ramener ces croyances à une dimension réaliste et effacer la fausse programmation qu'elles contiennent, il est nécessaire de les confronter à la réalité via l'esprit logique.

– Est-ce que la solitude risque réellement de nous propulser dans le vide, alors que plus rien n'existerait autour de nous ?
– La vie peut-elle n'être que plaisir à chaque moment et en tout temps ?
– Y a-t-il une seule personne au monde qui soit capable de tout faire et tout réussir dans tous les domaines ?

Après avoir réalisé l'inanité d'une fausse croyance-équation, la personne atteinte doit prendre conscience de tous les torts que celle-ci lui a causés – dépendance, frustrations, comportements inadéquats, obligation absolue de performance, piètre estime de soi, etc. – et décider consciemment qu'elle ne veut plus être sous l'emprise de cette croyance-équation destructrice.

ÉTAPE 4 : ABLATION DE LA TUMEUR

L'étape suivant la détection et l'identification de la tumeur psychologique ainsi que sa confrontation à la réalité est celle de son ablation par l'intervention psychochirurgicale. Pour mieux comprendre le procédé, voyons d'abord un parallèle entre la chirurgie d'une tumeur physique et celle d'une tumeur psychologique.

Tumeur physique

Comme nous l'avons vu plus tôt, dans le cas d'une tumeur physique maligne délimitée et lorsque son emplacement le permet, un chirurgien pratiquera l'excision à l'aide d'un bistouri. Par mesure de précaution, il retirera également une partie des tissus environnant la tumeur, car ils peuvent être atteints sans que cela soit immédiatement détectable. Au besoin, l'intervention sera suivie de traitements de chimiothérapie ou de radiothérapie. Lorsqu'un cancer s'est généralisé ou lorsque la masse se situe dans un endroit du corps où la chirurgie risque de causer des dommages irréparables, comme dans le cas de certains cancers du cerveau, par exemple, on parle alors de cancers inopérables.

Tumeur psychologique

Pour leur part, les tumeurs psychologiques sont toujours opérables. En plus d'apporter un soulagement rapide au mal-être, la psychologie chirurgicale permet d'éradiquer complètement sa source. Le but de la chirurgie est de faire remonter au niveau de la conscience la fausse croyance qui a été programmée, de donner l'opportunité à la logique de démontrer l'incohérence de cette fausse croyance et d'amener la personne à accepter de l'extraire de son mode de pensée pour ensuite permettre à son cerveau de procéder à la déprogrammation.

Le travail d'éradication d'une tumeur psychologique passe donc toujours par une prise de conscience de la présence de la fausse croyance-équation, par son identification précise, ainsi que par une intervention de la logique qui vient en démontrer l'absurdité en la confrontant à la réalité existante. Lorsque ces étapes ont été effectuées, il est temps de passer à la quatrième étape qui est la chirurgie proprement dite, soit une opération élémentaire de déprogrammation, rendue possible et facile grâce à l'utilisation éclairée de l'imagerie mentale.

L'utilisation de l'imagerie mentale

Depuis plusieurs années, on entend parler de l'imagerie mentale – aussi appelée visualisation – dans le cadre d'interventions psychologiques effectuées auprès de sportifs de haut niveau. Avant leurs performances, ils s'imaginent effectuant chaque étape de leurs courses, leurs sauts, leurs coups ou leur partie et se voient atteindre l'objectif visé dans un déroulement parfait. L'apport de ces exercices de visualisation est dorénavant reconnu par la majorité des fédérations sportives comme étant partie intégrante de l'entraînement des athlètes de pointe.

Si l'imagerie mentale s'applique si bien au sport, elle peut s'avérer aussi efficace dans la guérison des problèmes psychologiques. La psychologie chirurgicale a adopté cette hypothèse et se base sur une analogie entre l'imagerie appliquée à la médecine et celle utilisée en psychologie.

L'imagerie en médecine

Avec la découverte des rayons X par Wilhelm Röntgen en 1895, la médecine s'est dotée d'un instrument extraordinaire qui est l'imagerie médicale et dont le but est de créer une représentation visuelle intelligible d'une information à caractère médical. Elle présente ainsi, dans un format relativement simple, une grande quantité d'informations issues d'une multitude de mesures. Elle peut être utilisée dans un dessein clinique pour l'établissement d'un diagnostic ou le traitement de différentes pathologies. La médecine moderne utilise les rayons X dans la radiographie et la tomodensitométrie, mais elle a aussi accès à de nouvelles formes d'imagerie qui font appel, notamment, à la résonance magnétique, aux ultrasons, à la scintigraphie nucléaire et à la fluoroscopie numérique.

L'importance que revêt l'imagerie médicale tient d'abord au fait qu'une image est un concentré d'informations beaucoup plus efficace qu'un texte ou qu'une explication verbale. Ainsi, la radiographie d'une jambe peut montrer l'endroit exact d'une fracture du tibia, son étendue, l'angle de la cassure ainsi que les éclats qui se sont détachés de l'os, et ce, sans qu'il soit besoin de prononcer un seul mot. Grâce à cette image, le médecin a accès à des dizaines d'informations en un instant et d'un simple regard.

L'imagerie médicale est utilisée depuis longtemps comme outil diagnostique, mais elle s'avère de plus en plus une partie intégrante et essentielle de certaines chirurgies de pointe comme, par exemple, la laparoscopie, la microchirurgie assistée par caméra, la fluoroscopie ou l'endoscopie opératoire. Les différentes techniques d'imagerie représentent donc un apport positif indiscutable à la médecine moderne qui ne pourrait plus s'en passer sans retourner à des méthodes de soins beaucoup plus archaïques et infiniment moins efficaces.

L'imagerie en psychologie

La psychologie peut, elle aussi, faire appel à l'imagerie pour l'obtention de résultats précis et prédéterminés. Elle dispose d'un processus d'imagerie beaucoup plus accessible, constamment disponible et très facile d'application, qui se nomme *imagerie mentale* et qui repose sur la capacité humaine d'utiliser l'imagination. L'imagerie mentale puise dans la réserve d'images que constituent les innombrables souvenirs. Ainsi, pour décrire son parent, son enfant ou son lieu d'habitation, une personne doit d'abord voir l'être ou l'objet, c'est-à-dire avoir son image en tête.

Par extension, il est possible d'appliquer l'imagerie mentale aux émotions et aux divers sentiments en permettant au cerveau de leur accoler des images qui représentent des sensations et des impressions qui leur sont reliées. Des expressions utilisées couramment dans le langage populaire nous suggèrent d'ailleurs plusieurs images appropriées.

- Souffrir d'un cancer de l'âme.
- Crever l'abcès.
- Porter le poids de la culpabilité.
- Vivre avec le poids de la honte.
- Avoir les boules.
- Avoir les bleus.
- Traîner un boulet.
- Suivre sa route.

- Couper le cordon avec quelqu'un.
- Avoir le feu quelque part.
- Voir une situation comme une montagne.

Ce ne sont là que quelques-unes des expressions populaires qui rendent visibles des concepts aussi abstraits que la vie, le mal-être, le désespoir, l'anxiété, la tristesse, la peur, la colère, le ressentiment, la dépendance, ainsi que les sentiments d'incompréhension, d'impuissance et de trahison.

La psychologie chirurgicale propose des exercices d'imagerie appropriés à différentes problématiques que nous verrons au fil des pages, mais arrêtons-nous d'abord à son utilisation dans la déprogrammation des tumeurs psychologiques et, parallèlement, à la guérison des cancers psychologiques qu'elles ont générés.

S'il suffisait de prendre conscience des fausses croyances-équations, de les identifier et d'en voir l'illogisme pour parvenir à s'en défaire, elles ne résisteraient pas au passage de la raison. Elles disparaîtraient automatiquement avec l'apparition de la logique chez l'enfant. Nous savons tous que la solitude ne tue pas, qu'il y a des déplaisirs inévitables et que nous ne sommes pas tout-puissants. Nous le savons avec notre raison, mais les fausses croyances équations peuvent demeurer tapies dans l'inconscient, à l'abri de toute logique. Elles remontent à la conscience, l'espace de quelques secondes, juste le temps, souvent, de distordre nos perceptions et retournent se terrer. Il faut faire l'effort de les amener au niveau de la conscience et de les y garder le temps nécessaire à la chirurgie. Les trois étapes qui consistent à reconnaître leur présence, à les identifier et à les confronter à la logique ne suffisent cependant pas à les éradiquer. Si nous arrêtons là le processus, la croyance retournera se terrer dans l'inconscient, mais sera toujours susceptible de réapparaître.

Si nous effectuons une analogie avec une chirurgie physique touchant une appendicite, par exemple, les trois opérations psychochirurgicales mentionnées correspondraient à l'identification suivie d'une mise au jour de l'organe défectueux à l'aide d'une incision de l'abdomen. Le chirurgien verrait alors l'appendice infecté et saurait que c'est lui qui cause les troubles du patient. S'il décidait de s'en tenir là et de refermer, le problème perdurerait et la situation risquerait d'empirer. Des traitements antibiotiques répétés arriveraient peut-être à guérir l'infection, mais avec des douleurs persistant jusqu'à la guérison complète, si celle-ci devait survenir. Lorsqu'il a un accès direct à un appendice malade, le chirurgien procède immédiatement à son extraction.

Avec la psychologie chirurgicale, la quatrième étape représente l'extraction de la fausse croyance-équation et l'outil qui remplace le bistouri est l'imagerie mentale. Pour rendre visible la fausse croyance, il suffit d'imaginer la voir inscrite sur une feuille de papier, un tableau, un mur, une banderole ou tout autre support. Il faut ensuite imaginer effacer cette phrase ou encore la détruire. Le cerveau sait alors exactement de quoi il est question et ce que l'on attend de lui – il lui faut déprogrammer la fausse croyance. Par la suite, il est important de définir une croyance qui corresponde à la réalité et imaginer qu'elle s'inscrit sur le support existant ou sur un autre au choix. Le cerveau programme alors cette nouvelle croyance, car il sait exactement ce que l'on attend de lui. Il réorganise ensuite le fonctionnement selon la nouvelle programmation qui, du fait qu'elle correspond à la logique, ne créera plus de conflits entre les émotions et la raison.

L'emploi de l'image évite d'avoir à utiliser des milliers de mots pour tenter d'expliquer au cerveau ce que l'on attend de lui. Bien sûr, une personne peut faire le choix de tenter une déprogrammation verbale sans utilisation d'images. Après avoir pris conscience de la fausse croyance-équation, l'avoir identifiée puis confrontée à la logique, elle peut décider de répéter une croyance plus réaliste – *la vie égale douceur*, par exemple – plusieurs fois par jour et plusieurs mois d'affilée. La nouvelle croyance tentera de se programmer, mais le travail sera ardu et les résultats incertains parce que la fausse croyance demeurera présente et aura toujours priorité.

Mode opératoire en psychologie chirurgicale

Procédé

Pour effectuer cet exercice d'imagerie, il est important de profiter d'un moment de calme et de détente et de s'asseoir confortablement. Voici concrètement comment procéder.

- La personne visualise la fausse croyance comme si elle était inscrite dans sa tête. Elle imagine, par exemple, qu'elle est écrite sur une feuille de papier, sur un tableau noir, sur un mur, sur une banderole ou sur tout autre support.
- Elle revoit tous les problèmes et toute la souffrance que cette fausse croyance lui a causés.

- Elle prend conscience qu'elle a déjà trop souffert de cette fausse croyance, qu'elle en a vraiment marre et qu'elle est prête à s'en débarrasser.
- Elle visualise à nouveau la fausse croyance telle qu'elle est inscrite dans sa tête et se voit en train de l'effacer ou de détruire le support sur lequel elle est inscrite. Lorsqu'elle a complètement disparu, la déprogrammation est effectuée et le cerveau fera disparaître la fausse croyance comme si elle n'avait jamais existé.
- La personne choisit ensuite une croyance qui est plus réaliste et que son cerveau accepte comme étant logique, et elle l'imagine s'inscrivant dans sa tête. Nous vous en suggérons ici quelques-unes.
    - Pour remplacer *La solitude égale le vide*, les gens ont tendance à choisir des phrases comme celles-ci:
        - Les moments de solitude sont essentiels, car ils permettent de prendre soin de soi.
        - La solitude offre des occasions de:
            - Prendre du temps pour soi;
            - Relaxer, se détendre;
            - N'avoir de comptes à rendre à personne;
            - Réfléchir calmement;
            - Se faire plaisir.
    - Pour remplacer *La vie égale plaisir*:
        - La vie offre de nombreux plaisirs;
        - Tous les plaisirs ne sont pas compatibles;
        - Les désagréments sont partie inhérente de la vie;

- La liberté de l'un s'arrête là où commence celle de l'autre.

- Pour remplacer *La vie égale omnipotence – c'est-à-dire je suis capable de tout faire et de tout réussir* :
  - Je suis capable de faire beaucoup de choses et d'en réussir plusieurs ;
  - Personne n'est capable de tout faire et tout réussir ;
  - Même si j'ai beaucoup de talents et de capacités, il existe des limites à mon pouvoir ;
  - Je suis un être humain avec des qualités et des défauts, des forces et des faiblesses.

Une fois la reprogrammation effectuée, la chirurgie comme telle est terminée. Cependant, pour permettre à cette nouvelle programmation de s'enraciner plus fortement, il est conseillé d'inscrire la phrase choisie sur des feuilles de papier qui seront placées à la vue en divers endroits de la résidence, afin que la personne puisse la lire régulièrement. Au début, l'effet en sera peut-être un de surprise, mais lentement l'esprit conscient se fera à la nouvelle croyance et l'acceptera comme étant la réalité.

Quelques pistes d'intervention de la logique sur les croyances-équations innées

Pour des résultats rapides et satisfaisants, chaque fausse croyance-équation doit subir la même intervention psychochirurgicale. Seul le traitement logique change selon le type de croyance. Voici quelques exemples d'applications logiques à effectuer selon le besoin.

PISTES D'INTERVENTION DE LA LOGIQUE SUR LES FAUSSES CROYANCES INNÉES

FAUSSES CROYANCES	QUELQUES PISTES D'INTERVENTION DE LA LOGIQUE	RÉALITÉ
La solitude égale le vide	– Est-ce que le fait de se retrouver seule projette une personne dans le vide, dans la mort? Non. – Est-ce qu'une personne seule se retrouve sans aucune ressource d'aucune provenance? Non.	Donc, la solitude n'égale pas le vide.
La vie égale plaisir	– Est-il possible de n'avoir que du plaisir à chaque minute et seconde de la vie? Non. – Est-il possible d'obtenir tout ce que l'on désire, peu importe le souhait? Non. – Puis-je utiliser tout ce qui appartient à mon voisin parce que tel est mon bon plaisir? Non.	Donc, même si la vie présente de nombreux plaisirs, elle ne peut pas être que plaisir.
La vie égale omnipotence « Je suis capable de tout faire et de tout réussir »	– Y a-t-il une seule personne sur terre qui est capable de tout faire et de tout réussir? Non. – Une personne peut-elle se donner à 100% à son travail, se rendre disponible pour ses enfants à 100%, prendre soin d'elle-même à 100%, prendre soin de ses parents à 100%, être généreuse à 100%, et ce, simultanément et en tout temps? Non. – Est-ce qu'une personne peut prendre sa maison sur son dos et la transporter dans la rue voisine? Non.	Donc, personne n'est omnipotent et donc capable de tout faire et de tout réussir.

Les croyances-équations sont constituées de pensées immatures et, lorsqu'une personne parvient à les reconnaître et à les confronter à la réalité, elles perdent très rapidement leur pouvoir destructeur, un peu comme si la personne devenait instantanément plus mature. Grâce à l'imagerie mentale, ce processus logique d'élimination de fausses croyances est complété et consolidé.

Dès que les tumeurs psychiques sont éradiquées, le cancer psychologique cesse sa progression et commence à régresser : les conflits intérieurs qui y étaient reliés s'estompent, le découragement laisse lentement place à l'espoir, un sentiment de sécurité peut enfin s'installer et la perception du monde prend des nuances plus positives. La vie reprend ses droits.

De par sa capacité à cibler et à extraire directement les tumeurs psychiques, la psychologie chirurgicale a le pouvoir de réparer rapidement ce qui, avec des méthodes plus traditionnelles, pourrait demander des centaines d'heures, obliger à d'innombrables détours et créer des souffrances supplémentaires inutiles sans garantir l'atteinte des changements souhaités. Ce traitement s'applique à toute personne aux prises avec des désordres psychologiques, puisque de fausses croyances-équations sous-tendent chacun d'eux. Ces tumeurs psychiques constituent des bogues qui ralentissent ou distordent la pensée, et la déprogrammation de ces bogues permet à notre cerveau de recommencer à fonctionner plus normalement.

Intervention psychochirurgicale sur les fausses croyances-équations innées de Caroline R., Marcel D. et Laura F.

Poursuivons nos rencontres avec Caroline, Marcel et Laura, trois personnes avec lesquelles j'ai travaillé en thérapie qui étaient atteintes de cancers psychologiques et qui avaient conservé une fausse croyance-équation innée. Voyons de quelle manière nous avons abordé la confrontation logique de leur fausse croyance-équation, ainsi que les images qu'elles ont utilisées pour parvenir à l'éradication des tumeurs.

Caroline R.

Rappelons que Caroline R. est une jeune entrepreneure dans la vingtaine dont la mère est décédée neuf ans plus tôt d'un cancer du sein et qui entoure son mari Carl d'une aura de jalousie. Elle a conservé la fausse croyance-équation innée disant que *la solitude égale le vide*, ce qui l'a menée à développer une forte dépendance affective.

- J'ai questionné Caroline à savoir si elle se sentait capable d'assumer seule sa vie. Avec un soupçon de gêne dans la voix, elle m'a répondu par la négative. Elle avait l'impression de n'être rien sans la présence de ses proches. Elle a reconnu en elle la présence de la fausse croyance-équation reliée à la solitude et l'a imaginée inscrite sur une feuille de papier avec une écriture d'enfant : *La solitude égale le vide.*

- Je lui ai demandé ce qu'il adviendrait si son père et son mari devaient disparaître. Après quelques hésitations, elle a finalement reconnu que, même sans eux, la vie continuerait. « C'est surprenant !

J'ai toujours pensé sans me l'avouer que, s'ils venaient à mourir, je mourrais aussi. Pourtant, j'ai survécu à la mort de ma mère. »

- Elle venait de réaliser que la solitude n'entraîne ni le vide ni la mort.
- Elle a ensuite pris conscience de tous les torts que lui avait causés la fausse croyance – dépendance, peur panique de l'abandon et du rejet, jalousie obsessive, piètre estime de soi, etc. – et a décidé consciemment de ne plus la nourrir.
- Elle a accepté de déprogrammer la fausse croyance destructrice. Elle a visualisé à nouveau la feuille de papier sur laquelle elle était inscrite et s'est imaginée la plaçant dans une déchiqueteuse à papier. Elle a ensuite visualisé une nouvelle feuille sur laquelle elle a inscrit – avec une écriture d'adulte, cette fois – que *la solitude n'est pas mortelle*. Elle a poussé un soupir de soulagement et elle a ri : « Ouf ! C'est bon de le savoir. »
- Avec cette petite blague, Caroline a démontré que tout le côté dramatique attaché à cette croyance s'estompait.
- Pour renforcer cette dernière programmation, elle a inscrit la nouvelle croyance réaliste sur des feuilles de papier qu'elle a affichées dans des endroits de sa demeure où elle pouvait les lire souvent, permettant à son cerveau d'apprivoiser pleinement la nouvelle donnée.

Marcel D.

Souvenons-nous de Marcel D., un homme dans la cinquantaine ayant conservé la fausse croyance-équation innée qui dit que *la vie égale plaisir*, qui a vécu l'enfer de la surconsommation de cocaïne, perdu tout ce qu'il possédait et qui est devenu itinérant. Même s'il avait cessé la consommation de stupéfiants depuis plusieurs années, il demeurait affecté d'un grave cancer psychologique qui l'avait conduit au mécontentement général, à l'insatisfaction, au ressentiment et à un certain découragement.

Il m'est apparu clairement qu'il fallait s'attaquer directement à la fausse croyance-équation reliée au plaisir puisque celle-ci avait toujours altéré son fonctionnement et continuait à ce jour à le maintenir dans une pensée constamment négative. Il a reconnu facilement abriter la croyance que *la vie devait égaler plaisir*, mais il a présenté de fortes résistances lorsque j'ai voulu l'amener à confronter cette croyance à la réalité. Il s'y accrochait mordicus et a d'abord refusé de laisser sa logique intervenir.

- « Je ne suis pas un imbécile. Je le vois tous les jours que la vie n'est pas que plaisir, mais il n'est pas normal qu'il en soit ainsi. Cette réalité est dégoûtante et je refuse de l'accepter. La vie devrait être douce et agréable en tout temps. »
- Je lui ai demandé d'imaginer que la petite phrase *La vie égale plaisir* était inscrite dans sa tête. Il n'a eu aucun problème à la visualiser, car il savait qu'elle était là. Il l'a vue comme étant écrite à la craie blanche sur un tableau noir. Il persistait à croire qu'il était normal de la voir ainsi programmée dans sa pensée.

- Je ne voulais pas le contredire à ce stade, mais je l'ai amené à accepter comme prémisse que si la vie égalait plaisir, elle devait donc être toujours agréable, et ce, pour tout un chacun. Je l'ai questionné à savoir si son voisin serait heureux de le voir emprunter sa nouvelle voiture chaque fois qu'il le désire, sans demander sa permission et comment lui-même se sentirait si le voisin *empruntait* son épouse chaque fois qu'il en avait envie. « Euh… » Il présentait une moue songeuse.
- L'hésitation de Marcel représente bien le conflit entre son désir et sa logique, conflit qu'il doit affronter quotidiennement.
- J'en ai profité pour ajouter quelques éléments logiques contredisant la fausse croyance et démontrant qu'il est impossible de toujours vivre dans le contentement et l'agrément :
    - il est impossible de manger un gâteau tout en le conservant intact ;
    - la maladie existe et crée des inconvénients divers que nous n'avons pas le pouvoir de faire disparaître totalement ;
    - la mort existe, cause souvent du tourment et est incontournable ;
    - si la liberté n'avait aucune limite, tous auraient la même latitude et, de ce fait, ils joueraient souvent dans les plates-bandes des autres et leur causeraient du déplaisir ;
    - une personne peut difficilement manger deux boîtes de chocolat par jour et garder une

silhouette parfaite ; elle risque de devoir se priver soit du chocolat, soit de la silhouette parfaite, d'où un certain déplaisir.

- Ces démonstrations logiques ont finalement vaincu ses résistances et lui ont permis de réaliser l'inanité de la croyance. Je l'ai ensuite amené à prendre conscience de la frustration quotidienne provoquée par cette fausse croyance et des problèmes engendrés par cette frustration dans tous les domaines de sa vie.
- J'ai soudainement vu sourdre la colère : « Il faut vraiment ne pas être intelligent pour avoir pu croire une telle stupidité, et ce, pendant aussi longtemps. »
- Il réalisait l'ampleur des dégâts.
- Je lui ai expliqué que cette croyance était présente depuis toujours dans son inconscient, qu'il n'avait simplement pas eu l'occasion de la découvrir et de la confronter ouvertement, mais que le moment était bien choisi pour remédier à la situation.
- Il a accepté de déprogrammer la fausse croyance-équation. « Maintenant que je l'ai, elle n'aura plus jamais la chance d'aller se cacher. » Il a visualisé à nouveau la phrase inscrite sur le tableau noir et l'a effacée. Il a imaginé laver le tableau pour qu'il redevienne propre et comme neuf. Il y a inscrit une croyance beaucoup plus réaliste : « La vie comporte certains désagréments, mais elle offre de nombreux plaisirs qu'il s'agit juste de voir. »

- Cette nouvelle programmation lui permettait d'envisager les possibles déplaisirs sans qu'ils représentent une menace.
- Parce qu'il a pu travailler au niveau conscient sur une fausse croyance-équation jusque-là inconsciente, Marcel a donné à sa logique la possibilité de faire son travail et d'éradiquer ainsi la tumeur source de son cancer psychologique.
- Pour renforcer la nouvelle programmation, il s'est procuré un petit tableau noir qu'il a placé dans sa salle de bain et sur lequel il a inscrit sa nouvelle croyance qu'il peut ainsi lire plusieurs fois par jour.

Laura F.

Reprenons également l'histoire de Laura, cette femme dans la quarantaine qui souffrait de détresse profonde et qui, parce qu'elle ne parvenait plus à résoudre les problèmes auxquels elle était confrontée, se considérait dorénavant comme nulle et incompétente. Elle avait longtemps articulé sa vie autour de sa haute performance dans la résolution de problèmes, capacité qui avait renforcé la fausse croyance-équation innée que *la vie égale omnipotence* et que, de ce fait, elle devrait être capable de tout faire et de tout réussir. Suite à un accident ayant causé un grave traumatisme crânien, les problèmes s'étaient accumulés et elle n'en voyait plus la fin.

Il était très clair pour moi que la croyance-équation innée reliée à l'omnipotence était à la source du cancer psychologique de Laura, mais elle ne parvenait pas à la faire sienne au premier abord, me répétant qu'elle était assez intelligente pour savoir qu'elle n'avait pas tous les pouvoirs.

J'ai choisi de contourner la résistance en effleurant d'abord la croyance reliée aux problèmes.

- « Selon ce que tu m'en dis, la vie n'est qu'un gros paquet de problèmes. »
- « En effet, m'a-t-elle répondu, un damné gros paquet de problèmes qui s'accumulent les uns par-dessus les autres à qui mieux mieux. »
- Je lui ai demandé : « Et tu devrais être capable de résoudre tous ces problèmes ? » Elle a simplement rétorqué : « Évidemment que je devrais. Je suis spécialiste dans la résolution de problèmes. C'est ma vie. » Cette simple phrase lui a fait relever les épaules et j'ai vu la fierté dans ses yeux, mais, quelques secondes plus tard, les larmes et un certain désespoir ont remplacé la fierté.
- J'ai ajouté : « Et si tu ne réussis pas à résoudre les problèmes, tu te sens complètement nulle ? » Les larmes se sont transformées en sanglots et elle a murmuré : « Si tu savais seulement comment je me sens incompétente et malheureuse… »
- Je lui ai parlé de la croyance innée reliée à l'omnipotence et de l'obligation que comportait celle-ci de devoir toujours réussir.
- Elle a finalement reconnu en elle la présence de cette croyance : « Il est vrai que je me sens toujours obligée de tout faire et de tout réussir. »
- Je lui ai demandé de faire un exercice de visualisation. Elle a imaginé la croyance équation comme étant inscrite sur l'écran d'un vieux téléviseur : « La

vie égale omnipotence : je suis capable de tout faire et de tout réussir. »

- Questionnée à savoir qui donc, dans le monde, avait pu déterminer qu'une personne devrait être capable de résoudre tous les problèmes, et si elle connaissait une seule personne qui soit aussi parfaite, elle a esquissé une moue dubitative.
- Elle était maintenant face à cette croyance-équation qui avait jusque-là géré toutes ses perceptions et devait réaliser l'inanité de cette croyance.
- Après quelques secondes de réflexion, elle a avoué ne pas connaître une seule personne qui soit capable de résoudre tous les problèmes et a constaté l'irréalisme de la croyance : aucun être humain, quel qu'il soit, n'est capable de tout faire et de tout réussir.
- Lorsqu'elle a pris conscience de tous les ravages que cette croyance-équation avait causés en termes de stress continu et d'atteinte à son estime d'elle-même, elle a décidé qu'il était plus que temps de la déprogrammer.
- Lorsque je lui ai demandé comment elle pouvait effacer la croyance de l'écran du téléviseur, elle a ri et a rétorqué : « La croyance est aussi vieille que l'appareil et ils consomment tous deux beaucoup trop d'énergie. » Elle a ajouté voir le vieux téléviseur aux abords d'un dépotoir et le faire passer sous les chenilles d'une grosse pelle mécanique. Elle a par la suite imaginé l'écran plat de son ordinateur et y a inscrit que « personne n'est capable de tout faire et de tout réussir ». Lorsqu'elle a ouvert les yeux, elle a souri et a ajouté : « Je crois même que je vais

placer cette phrase comme vrai écran de veille sur mon ordinateur, question de ne jamais l'oublier. »

Nous ne verrons pas immédiatement les résultats que ce travail d'éradication a eus sur nos trois cas modèles, car il a fallu d'autres exercices de chirurgie pour éliminer les dommages collatéraux associés à ces croyances. Lorsque les fausses croyances-équations innées perdurent au-delà de l'enfance, elles deviennent des tumeurs psychologiques malignes et ont le pouvoir de créer d'autres fausses croyances-équations qui leur sont associées, dont on dit qu'elles sont acquises et dont on pourrait également dire qu'elles représentent des métastases psychologiques.

CHAPITRE 4

Les tumeurs psychologiques acquises

Outre les trois fausses croyances-équations innées qui touchent la solitude, le plaisir et l'omnipotence, d'autres croyances-équations erronées peuvent apparaître subséquemment durant l'enfance. On dit de celles-ci qu'elles sont acquises, car elles ne sont pas présentes à la naissance. Nous pouvons les comparer aux métastases physiques découlant d'une tumeur cancéreuse dans le corps humain, car les fausses croyances-équations acquises sont en lien direct avec les tumeurs psychologiques que sont les trois fausses croyances équations innées. Elles se développent au cours des premières années de vie et sont directement reliées à la perception qu'a l'enfant du monde extérieur.

Développement des tumeurs psychiques acquises

Lorsqu'un enfant évolue dans un milieu relativement équilibré, il développe des croyances réalistes sur la vie en général, sur l'amour et sur le bonheur. En grandissant, la logique qu'il acquiert et l'apport familial lui démontrent, entre autres, que :

- la vie est plutôt belle même si elle présente certaines difficultés ;
- l'amour est un ingrédient merveilleux de la vie, même s'il exige certains compromis ;
- le bonheur s'accompagne occasionnellement de moments plus tristes et difficiles.

L'enfant acquiert ainsi un réalisme qui lui permet de mieux composer avec sa vie de tous les jours. Cependant, lorsqu'un jeune enfant voit ses parents éprouver de nombreux problèmes et qu'il les entend dire régulièrement que la vie est difficile, il peut facilement croire que *la vie égale difficultés*. S'il perçoit que l'un d'eux éprouve constamment de la souffrance physique ou morale, il peut développer la croyance que *la vie égale souffrance*. Pour l'enfant, les problèmes reliés au travail, aux finances ou à la maladie sont des concepts trop abstraits pour qu'il s'y arrête, mais il peut percevoir la peur et la douleur dans l'expression et les paroles de ses parents, et ce sont ces éléments qu'il retient. De la même manière, un jeune enfant qui vit avec des adultes chez qui il sent une peur s'exprimant régulièrement ou qui le mettent constamment en garde contre divers dangers risque de développer la croyance que la vie elle-même est dangereuse. Comme il n'a pas le discernement nécessaire pour réaliser que seuls certains éléments de la vie présentent un danger, il peut enregistrer inconsciemment l'équation que *la vie en général égale danger*. *La vie égale difficultés*, *souffrance* ou *danger* ne représentent que trois des fausses croyances-équations acquises. Peuvent s'y ajouter les certitudes que la vie égale insatisfaction, déception, complications, ennui, batailles continuelles, trahison, éternel recommencement, oubli de soi, soumission, contrôle, etc. En fait, les fausses croyances-équations acquises sont nombreuses et concernent tous les cas particuliers propres à chaque personne.

Les fausses perceptions de la vie développées par un enfant peuvent aussi être renforcées par des paroles qui dénotent un certain fatalisme et qu'ils entendent de manière répétitive, ces paroles prenant souvent la forme de maximes ou de proverbes tels les suivants.

- À quelque chose, malheur est bon.
- Entre deux maux, il faut choisir le moindre.
- On ne peut se fier qu'à soi-même.
- La vie est un combat perpétuel.
- Tout est toujours à recommencer.
- Quand on est né pour un petit pain…
- Il faut savoir se contenter de ce que l'on a.

Ces petites phrases ne sont pas condamnables en soi, car elles correspondent à une certaine logique. Mais lorsqu'un enfant les entend régulièrement, il peut facilement en venir à croire que la vie égale toujours difficultés, souffrance, danger, etc.

Généralisation des tumeurs

Lorsque les tumeurs psychiques constituées par les fausses croyances-équations acquises ne sont pas identifiées et extraites dans le jeune âge, elles s'étendent et envahissent le champ de la pensée dans tous les domaines de la vie.

Prenons l'exemple d'un enfant qui a développé la fausse croyance que *la vie égale insatisfaction*. Sa mère est très bonne et gentille avec lui, mais elle a fortement tendance à se plaindre de la vie, de son travail, de sa fratrie, des gouvernements et du monde en général. Dans les faits, elle est toujours insatisfaite. L'enfant voit et entend sa mère ; il ressent son amertume. Il lui est difficile de croire que la vie puisse être belle, agréable et satisfaisante. Il fait sienne la croyance de sa mère et se persuade à son tour que *la vie égale insatisfaction* et si la vie égale insatisfaction, l'insatisfaction égale la vie – vie et insatisfaction deviennent synonymes l'un de l'autre. Le cerveau de l'enfant se programme selon la nouvelle croyance et tient pour acquis que, puisque la vie égale insatisfaction, il n'est ni normal ni sain d'être satisfait.

Lentement, l'enfant commence à mettre l'accent sur les petits côtés décevants des événements et des situations. Pourtant, d'instinct, un enfant vit dans le moment présent et profite pleinement des plaisirs rencontrés. Cependant, si la tumeur psychologique relative à l'insatisfaction se développe, elle a priorité sur le reste et peut même amener l'enfant à se sentir anormal et menacé lorsqu'il vit de la satisfaction.

Lorsque les fausses croyances-équations demeurent, elles provoquent de plus en plus de dégâts, et le cancer psychologique qui leur est relié se propage et perdure à l'adolescence et à l'âge adulte avec son enchaînement de déceptions, de frustrations, de plaintes et même de périodes de découragement. Toutes les tumeurs psychologiques acquises s'installent et se généralisent selon le même processus.

Symptômes du cancer psychologique

Nous avons vu que les principaux symptômes permettant de détecter les fausses croyances-équations innées sont la dépendance affective, la frustration chronique et le perfectionnisme. En ce qui touche les fausses croyances-équations acquises, les principaux symptômes associés sont une sensation de mal-être persistant, des conflits intérieurs, des schémas répétitifs d'échec, des peurs irraisonnées et un manque d'intérêt face à la vie. Voyons chacun d'un peu plus près.

Sensation de mal-être persistant

Chacune des fausses croyances acquises entraîne une certaine sensation de malaise qui, durant l'enfance et l'adolescence, s'avère habituellement discontinue et tributaire des situations et événements qui se produisent. Lorsqu'elles perdurent, les fausses croyances envahissent les divers domaines de la vie. Le malaise devient alors plus persistant et un mal-être généralisé peut s'installer. En effet, lorsqu'une personne ne parvient jamais à trouver réellement la satisfaction, le plaisir, le bonheur ou des sentiments de sécurité et de plénitude, et qu'elle est toujours en lutte avec elle-même, il lui est impossible de ressentir un bien-être durable. Plus le cancer se répand, plus le mal-être s'accentue, accompagné de découragement, de frustration, de colère et de mésestime de soi.

C'est la sensation que perçoit Mireille R., une jeune femme qui a accumulé plusieurs échecs amoureux dus à une grande dépendance affective et à une jalousie presque maladive. Très jeune, elle exigeait l'exclusivité dans ses relations amicales et familiales et en arrivait ainsi à étouffer les autres, ce qui lui a valu de nombreux rejets. Elle a donc été déçue plus souvent qu'à son tour et a acquis la croyance que la vie égale déception. *Cette croyance la pousse à ne voir que le côté décevant des gens et des choses, ce qui amoindrit fortement son plaisir de vivre. Elle se sent constamment mal dans sa peau, a de la difficulté à orienter sa vie et parvient difficilement à trouver la satisfaction. Elle éprouve une déception profonde face à la vie et se demande parfois ce qu'elle est venue faire sur terre.*

Diagnostic :

- *Fausse croyance-équation acquise :* la vie égale déception.
- *Manifestations : Diminution du plaisir de vivre et découragement.*

Conflits intérieurs

Les tumeurs psychiques acquises ont tendance à créer de forts conflits intérieurs entre la logique d'une personne et les pulsions négatives qu'engendrent automatiquement les fausses croyances. Les exemples de conflits intérieurs suivants illustrent cette affirmation.

- Une personne sait rationnellement que la vie n'est pas qu'insatisfaction, mais sa perception continue malgré tout à toujours lui montrer le côté insatisfaisant des gens et des choses. On dit d'elle qu'elle est une éternelle insatisfaite. Sa peur inconsciente de la satisfaction est plus forte que son désir conscient de bonheur.
- La raison d'une autre personne lui dit qu'elle n'a pas à toujours se soumettre aux désirs d'autrui, mais elle continue de courber l'échine devant leurs demandes et exigences, incapable de faire valoir ses propres

besoins. Sa peur du rejet et de l'abandon est plus forte que son désir conscient d'autonomie.

- Une personne comprend logiquement que la vie n'est pas que danger, mais elle continue à avoir peur de tout, en venant même à se sentir menacée chez elle lorsque les portes de sa maison sont verrouillées et qu'un système d'alarme est branché. On dit de ce type de personne qu'elle a peur d'avoir peur. Sa crainte du danger est plus forte que sa volonté consciente de profiter de la vie.

La personne affectée par une tumeur psychique acquise vit souvent de la colère contre la partie d'elle-même qui panique, se soumet, se frustre, fait les mauvais choix ou complique tout, mais elle n'a pas de maîtrise réelle sur ce côté pulsionnel. À partir de là, les conflits intérieurs se perpétuent.

C'est ce que ressent Richard L., un homme dans la cinquantaine qui a passé sa vie à chercher à plaire aux autres et qui est encore incapable de leur refuser un service, et ce, même s'il sait pertinemment que c'est souvent ce qu'il devrait faire. Sixième d'une famille de huit enfants, il s'est toujours senti important par l'aide qu'il apportait à autrui et n'a pas cru bon prendre soin de lui. Il a acquis la croyance que la vie égale prendre soin des autres *et vit de forts conflits intérieurs lorsque sa raison lui dicte d'opposer un refus à quelqu'un.*

Diagnostic :

- *Fausse croyance-équation acquise :* la vie égale prendre soin des autres.
- *Manifestation : Incapacité à dire non.*

Schémas répétitifs d'échec

Un troisième symptôme associé aux tumeurs psychologiques est la répétition des schémas d'échec. En effet, dans de nombreux cas, la personne aux prises avec une tumeur psychique acquise effectue régulièrement des choix qui font perdurer la souffrance, l'insatisfaction, les conflits, les déceptions, l'ennui et autres désagréments. À l'âge adulte, elle sait rationnellement qu'elle ne devrait pas faire tel choix, commettre tel geste ou prononcer telle parole, mais elle est incapable d'écouter la petite voix intuitive qui la met en garde, l'impulsion inconsciente étant plus forte que sa volonté consciente.

Ces mauvais choix risquent d'empoisonner la vie d'une personne et ils peuvent finir par créer un cancer psychologique très virulent. Par exemple, la croyance qui dit que *la vie égale souffrance* peut expliquer, du moins en bonne partie, le comportement d'une personne qui vit de la violence conjugale et qui ne parvient pas à s'en extraire malgré toute sa bonne volonté consciente. Elle peut parfois parvenir à sortir d'une relation où existe la violence, mais il y a de fortes possibilités qu'elle opte pour un nouveau conjoint lui aussi violent. Cette violence sera peut-être moins évidente au premier abord, mais le fond agressif sera bien présent. Pourtant, cette personne n'est pas moins intelligente qu'une autre. Elle subit simplement une impulsion irrésistible à agir ainsi, une poussée contre laquelle sa logique n'a aucune prise. Elle sait ou elle sent que le problème est ou risque d'être présent, mais elle semble attirée par les gens violents comme par un aimant. Le problème provient de son cerveau qui fonctionne selon une croyance voulant que, pour demeurer en vie, elle doit souffrir. Si *la vie égale souffrance*, l'absence de souffrance égale mort. Et, lorsque son cerveau la pousse à choisir l'environnement et les situations qui lui apporteront du tourment, il fait simplement tout ce qui est possible pour lui fournir la souffrance apparemment protectrice.

Chacune des fausses croyances acquises risque de produire le même type de modèle d'échec récurrent : des situations insatisfaisantes, dangereuses, décevantes, compliquées, ennuyeuses ou difficiles qui se reproduisent encore et encore et dans lesquelles la frustration et la mésestime de soi augmentent toujours. Cette répétition de schémas d'échec indique qu'une tumeur psychique acquise est présente et que le cancer psychologique gagne du terrain. Il est présent notamment chez les éternels insatisfaits, ceux qui ont peur de tout, ceux qui naviguent dans les difficultés constantes ou qui vivent dans la violence, les *saints* hommes et femmes qui courbent toujours l'échine devant les méchancetés et les exigences d'autrui, ceux pour qui la vie est d'un ennui mortel et les personnes qui ont besoin de tout maîtriser.

C'est à une telle situation qu'est confrontée Audrey A., une jeune femme dans la trentaine qui stagne dans son emploi, incapable d'obtenir des promotions qui lui échappent pour des raisons souvent bêtes et injustes. Elle est frustrée par la situation et, parallèlement, n'en est pas surprise. Ayant vécu avec une mère dépressive et connu plusieurs placements en famille d'accueil, Audrey est persuadée que la vie égale batailles continuelles. *Elle se dit très fatiguée des luttes et des échecs répétés, mais parallèlement, elle a l'impression que ces échecs lui donnent les coups de fouet dont elle a besoin pour se battre et vivre.*

Diagnostic :

- *Fausse croyance-équation acquise :* la vie égale batailles continuelles.
- *Manifestations : Frustration et ras-le-bol envahissants.*

Peurs irraisonnées

Un quatrième symptôme important occasionné par les tumeurs psychiques acquises est la présence de peurs instinctives face à des éléments positifs, peurs qui sont pratiquement impossibles à raisonner lorsqu'elles se présentent. Il est difficile de croire qu'une personne puisse avoir une crainte inconsciente quasi panique de la satisfaction, de la douceur, du plaisir, du calme, de la simplicité, de la routine ou du bonheur, mais c'est pourtant exactement le genre de peurs aberrantes que peuvent engendrer les tumeurs psychiques acquises.

Parmi toutes, la fausse croyance-équation acquise qui occasionne le plus de peurs irraisonnées est celle qui dit que *la vie égale danger*, car le cerveau est alors porté à croire qu'il existe des menaces et des périls constants à chaque détour de la route. Le cancer psychologique engendré par cette croyance peut produire les symptômes associés que sont la panique, l'anxiété généralisée, les crises d'angoisse, l'agoraphobie et autres phobies diverses, ainsi que le retrait social. Les autres fausses croyances-équations acquises, quant à elles, peuvent facilement entraîner des peurs irraisonnées de rejet, d'abandon, de trahison et d'échec.

Marc-André H. est un célibataire de quarante-six ans dont l'enfance s'est déroulée auprès d'une mère froide et rigide. Il en a beaucoup souffert et a développé la croyance inconsciente que la vie est synonyme de danger de rejet, d'abandon et de souffrance. *Il dit n'avoir jamais rencontré la femme avec laquelle il aimerait passer le reste de ses jours. Il se voit vieillir et il aimerait connaître au moins une fois une relation durable et possiblement fonder une famille. Mais dès que se profile une relation qui pourrait lui donner envie de s'engager, il fuit à toutes jambes par peur d'être rejeté ou trahi, ce qui provoquerait en lui de la souffrance.*

Diagnostic :

- *Fausse croyance-équation acquise :* la vie égale danger de rejet, d'abandon et de souffrance.
- *Manifestation : Incapacité d'engagement.*

Manque d'intérêt face à la vie

Dernier symptôme majeur occasionné par les fausses croyances-équations acquises mais non le moindre, le manque d'intérêt face à la vie se traduit par l'incapacité de faire des projets, de rêver ou d'accorder sa confiance, et il s'accompagne d'une difficulté de s'investir dans les relations et les réalisations. Ce symptôme peut être perceptible dès l'enfance et l'adolescence, particulièrement chez les jeunes qui ont développé une fausse croyance selon laquelle la vie égale souffrance, déception, ennui, batailles continuelles ou éternel recommencement. Pourquoi devraient-ils faire des efforts pour vivre une existence qui, selon leur croyance, s'avérera immanquablement souffrante, ennuyeuse, décevante ou conflictuelle, et donc malheureuse ? On retrouve ce symptôme chez les enfants et adolescents passifs ou décrocheurs, ainsi que chez ceux qui donnent des signes de découragement et de dépression.

Si les fausses croyances-équations ne sont pas confrontées dans le jeune âge, le manque d'intérêt peut s'installer en permanence et s'accentuer à l'âge adulte. Les personnes atteintes donnent alors l'impression de ne vivre que parce qu'elles y sont obligées et de tirer derrière elles un poids très lourd. Le type de cancer psychologique associé au manque d'intérêt face à la vie peut se traduire par de l'inaction, de la neurasthénie, de la fatigue chronique et des périodes dépressives récurrentes.

Telle est la vie de Chantale P., une femme de cinquante et un ans qui a connu un divorce difficile, dont la fille unique vit sur un autre continent et qui se rend cinq jours par semaine effectuer un travail pour lequel elle n'éprouve aucun intérêt. Son père était un homme taciturne qui ne parlait presque jamais, qui rentrait du travail à 18 heures et allait au lit à 20 heures. Les week-ends, il regardait la télévision et effectuait des siestes en après-midi. Sa mère avait appris à ses enfants à se déplacer sans bruit, à ne rien faire qui puisse déranger le père dans son sommeil. La vie à la maison était particulièrement ennuyeuse et, bien malgré elle, Chantale avait acquis la croyance que la vie égale ennui. *Ses soirées et week-ends se passent devant le téléviseur, à tenter de trouver un peu d'intérêt dans la vie d'autrui puisqu'elle n'en ressent aucun pour la sienne. Chaque journée subie la conforte dans sa croyance.*

Diagnostic :

- *Fausse croyance-équation acquise :* la vie égale ennui.
- *Manifestations : Stagnation, dépit.*

Chacune des fausses croyances-équations acquises par Mireille, Richard, Audrey, Marc-André et Chantale a le pouvoir d'engendrer la frustration, la révolte, le découragement, le repli sur soi ou la stagnation. Ils ont conservé des croyances d'enfants qui pourrissent leur vie d'adulte. Devons-nous les juger sévèrement pour autant ? Pourtant, nous savons tous – et eux aussi – que la vie n'est pas que déception, obligation d'altruisme, lutte de tous les instants, danger constant ou lassitude. Non, nous ne pouvons les juger sévèrement, car la plupart d'entre nous – du moins tous ceux qui ressentent diverses formes d'anxiété – possédons de ces fausses croyances-équations acquises qui nous viennent de l'enfance et dont nous n'avons pas eu la chance de nous défaire.

Il est temps d'apprendre à les reconnaître et à s'en défaire si, par malheur, nous en avons quelques-unes.

CHAPITRE 5

Chirurgie des tumeurs psychologiques acquises

Le processus psychochirurgical

Le processus psychochirurgical que nous utiliserons pour les fausses croyances-équations acquises est le même que celui que nous avons vu dans le chapitre précédent pour l'éradication des fausses croyances-équations innées.

ÉTAPE 1 : DÉTECTION DE LA TUMEUR

Il s'agit d'abord de détecter leur présence qui se manifeste, entre autres, par une sensation de mal-être persistant, les conflits intérieurs, les schémas répétitifs d'échec, les peurs irraisonnées et un manque d'intérêt face à la vie. Ces désordres laissent soupçonner la présence d'un cancer psychologique, et les tentatives de soulagement et de guérison doivent être directement orientées vers l'identification et l'éradication des tumeurs psychologiques que sont les fausses croyances-équations acquises.

ÉTAPE 2 : IDENTIFICATION DE LA TUMEUR

Pour pouvoir intervenir efficacement sur les fausses croyances-équations acquises, il est primordial de bien les identifier, de connaître l'équation qui a été enregistrée : est-ce que la vie égale insatisfaction, difficultés, problèmes, danger, soumission, déception, trahison, batailles continuelles, éternel recommencement, souffrance… ? Les symptômes ressentis peuvent aider à l'identification.

Voici les symptômes reliés aux croyances-équations acquises les plus courantes.

- *La vie égale insatisfaction* chez la personne qui a l'impression qu'elle ne pourra jamais connaître le bonheur.
- *La vie égale souffrance* pour ceux dont on dit qu'ils sont des saints hommes ou des saintes femmes, ceux qui s'apitoient constamment sur leur sort ou ceux sur qui la vie semble s'acharner.
- *La vie égale difficultés* pour les gens dont la vie semble compliquée par l'arrivée constante de nouveaux problèmes dans tous les domaines.
- *La vie égale danger* pour ceux qui ont peur de tout et qui ont la sensation qu'une menace continuelle les guette.
- *La vie égale trahison* chez les personnes souffrant de jalousie maladive ou de grande méfiance envers les gens en général.
- *La vie égale batailles continuelles* pour ceux qui ont l'impression de devoir toujours lutter pour obtenir

ce qu'ils désirent et ceux qui vivent constamment dans les conflits et les alimentent.

- *La vie égale soumission* chez les personnes qui plient constamment l'échine, qui se sentent au service des autres et qui ont souvent l'impression d'être traitées comme un paillasson.

ÉTAPE 3 : CONFRONTATION LOGIQUE DE LA TUMEUR

La troisième étape consiste à confronter la fausse croyance-équation acquise à la réalité existante, ce qui permet de réaliser que la vie n'est pas uniquement insatisfaisante, dangereuse, souffrante, etc.

- N'y a-t-il que de l'insatisfaction dans la vie, chaque jour, chaque heure, chaque minute ? Non ? Donc, la vie n'est pas qu'insatisfaction.
- La vie est-elle difficile pour tout le monde et en tout temps sans aucune période de facilité ? Non ? Donc, la vie n'est pas que difficultés.

La vie présente-t-elle des dangers constants et potentiellement mortels à chaque seconde ? Non ? Donc, la vie n'est pas que danger.

- Est-ce que chacune des personnes côtoyées m'a trahi ou me trahira ? Non ? Donc, la vie n'est pas que trahison.
- Y a-t-il des personnes qui ne luttent pas constamment et sont quand même en vie ? Oui ? Donc, la vie n'est pas que batailles continuelles.

Le travail de confrontation de toutes les fausses croyances-équations acquises s'effectue selon le même principe de croyance versus réalité pour se rendre compte que la vie n'est jamais toute blanche ou toute noire.

Après avoir réalisé l'inanité d'une fausse croyance-équation, la personne atteinte doit prendre conscience de tous les torts que celle-ci lui a causés – dépendance, frustrations, comportements inadéquats, mal de vivre, souffrance morale, découragement, etc. – et décider consciemment qu'elle ne veut plus abriter cette croyance-équation destructrice.

ÉTAPE 4 : ABLATION DE LA TUMEUR

Le processus d'ablation des fausses croyances-équations acquises par l'imagerie est exactement le même que celui décrit précédemment pour les fausses croyances-équations innées.

- Visualisation de la croyance sur un support quelconque ;
- Rappel de tous les dommages que la croyance a causés ;
- Décision de se débarrasser définitivement de la croyance ;
- Effacement ou destruction du support.

La dernière partie de l'étape consiste à remplacer la fausse croyance-équation par une croyance plus réaliste que le cerveau accepte comme étant logique. Voici quelques suggestions.

– Pour remplacer *La vie égale insatisfaction, frustration, déception* :

- La vie offre de nombreuses satisfactions ;
- Il est impossible de toujours obtenir tout ce que l'on veut ;
- La réalité nous joue parfois de tristes tours, mais, règle générale, elle est relativement douce ;
- La vie propose d'innombrables occasions de petits bonheurs quotidiens.

– Pour remplacer *La vie égale souffrance, épreuve, ennui* :

- La vie n'est pas que souffrance ;
- La vie est relativement douce malgré la présence de certaines épreuves et de la souffrance qui les accompagne ;
- Même si elle présente parfois des moments de calme pouvant s'apparenter à l'ennui, la vie offre de nombreux plaisirs qu'il s'agit de prendre au vol.

– Pour remplacer *La vie égale danger, péril, menace* :

- La vie est plutôt sécuritaire ;
- Je ne rencontre pas le danger à chaque détour de ma route ;
- La vie n'est pas une menace à ma survie ;
- Une prudence minimale permet d'éviter la plupart des dangers.

– Pour remplacer *La vie égale batailles continuelles, conflits, combats* :

- Les conflits ne sont pas partie intégrante de la vie;
- Il faut parfois lutter contre certaines adversités inévitables, mais la vie offre généralement douceur et calme;
- N'étant pas Don Quichotte, je n'ai pas à me battre contre les moulins à vent;
- La douceur égale être en paix avec soi-même et avec les autres.

– Pour remplacer *La vie égale oubli de soi, résignation, soumission*:

- Vivre, c'est d'abord prendre soin de soi;
- Personne n'a l'obligation de se soumettre à la volonté d'autrui;
- Personne n'est condamné génétiquement à un triste sort;
- Vivre, c'est être autonome.

Plusieurs fausses croyances-équations acquises peuvent se retrouver associées les unes aux autres. Ainsi, ceux qui croient que *la vie n'est que souffrance* auront souvent tendance à croire qu'elle n'est également que *déception, trahison, insatisfaction* ou *soumission*. Les personnes qui croient que *la vie égale difficultés* peuvent aussi croire qu'elle égale *problèmes, batailles continuelles, éternel recommencement* ou *danger*. L'extraction d'une fausse croyance-équation acquise doit donc s'accompagner, si nécessaire, d'un travail sur les autres fausses croyances qui lui sont associées.

Intervention psychochirurgicale sur les fausses croyances-équations acquises par Caroline R., Marcel D. et Laura F.

Comme nous l'avons vu précédemment, Caroline, Marcel et Laura ont conservé une des fausses croyances-équations avec lesquelles ils sont venus au monde. Dans chacun des cas, la croyance innée les a incités à acquérir d'autres fausses croyances-équations, qui se sont associées à la première.

Caroline R., jeune entrepreneure aux prises avec la dépendance affective et le retrait social, avait conservé la fausse croyance innée que *la solitude égale le vide*, la laissant sous l'impression que, seule, elle ne pouvait survivre. Déjà toute petite, elle craignait le rejet et l'abandon, qui constituaient pour elle deux dangers majeurs toujours présents, et avait ainsi développé une fausse croyance-équation associant directement la vie au danger. Cette croyance l'obligeant à une vigilance constante, elle en était venue à croire également qu'elle devait tout contrôler. La fausse croyance-équation innée reliée à la solitude et la peur irraisonnée qui en découlait l'ont donc poussée à acquérir deux autres fausses croyances-équations :

- *La vie égale danger de rejet, d'abandon et de trahison* ;
- *La vie égale contrôle.*

Comme elle est incapable de tout contrôler, elle se sentait constamment menacée de rejet ou d'abandon. Caroline s'est délivrée précédemment de sa fausse croyance-équation innée reliée à la solitude, mais, pour réapprendre à vivre et à faire confiance pleinement, elle devait éradiquer les deux croyances-équations qui permettaient à son cancer psychologique de perdurer. Elle a donc effectué le processus d'ablation sur les deux fausses croyances-équations acquises.

- Elle a imaginé ces croyances inscrites à la peinture rouge sur un mur blanc : *« La vie égale danger de rejet, d'abandon et de trahison »* et *« La vie égale contrôle »*. Je lui ai suggéré de couvrir le mur d'une couche d'apprêt et de couches de peinture, mais elle a refusé ma suggestion. « J'aurais trop peur que la peinture rouge ressorte et que ces croyances réapparaissent. » Elle a plutôt opté pour une imagerie consistant à faire enlever les panneaux de placoplatre touchés par la peinture rouge et à les remplacer par des panneaux complètement neufs. Elle a ensuite imaginé deux encadrements dans lesquels apparaissaient les phrases *« la solitude est une belle occasion de prendre soin de moi »* et *« je n'ai du pouvoir que sur moi-même »*, cadres qu'elle a visualisés sur le nouveau mur.
- À la suite de l'exercice, elle a décidé de se procurer deux petits cadres au magasin d'escompte, d'y insérer les deux nouvelles croyances et de les placer dans sa chambre à coucher où elle pourra les lire matin et soir.

Marcel D., l'homme qui a un jour plongé dans l'enfer de la cocaïne, avait pour sa part conservé la fausse croyance-équation innée qui dit que *la vie égale plaisir*. Même à plus de cinquante ans, il refusait d'accepter le fait qu'il existe de nombreux déplaisirs inévitables, même s'il en avait la preuve tous les jours. Il en était venu à ne retenir de la vie que les déceptions et à croire que celle-ci était totalement insatisfaisante et trop difficile. Déjà, durant son enfance, il entendait son père répéter constamment la phrase : « Quand on est né pour un p'tit pain... », démontrant ainsi un fatalisme qu'il appliquait à toutes les sauces. Marcel a très tôt perçu la déception aiguë de son père et en a conclu que *la vie égalait insatisfaction et difficultés*. Ces nouvelles croyances-équations acquises ont été renforcées par toutes les déceptions qu'il a lui-même accumulées en raison de son incapacité à n'obtenir que du plaisir. Les croyances-équations reliées au plaisir, à l'insatisfaction et aux difficultés l'avaient rendu incapable d'espérer une existence meilleure et de croire en sa capacité d'atteindre ce but. Il en voulait à la vie et au monde entier.

Après avoir procédé à l'ablation de la fausse croyance-équation innée reliée au plaisir, Marcel s'est attaqué aux deux croyances-équations acquises qui le persuadaient que *la vie égale insatisfaction* et que *la vie égale difficultés*.

- Parce qu'il réalisait pleinement l'impact négatif que ces croyances avaient eu sur sa vie, il n'a présenté aucune résistance et a même exigé de s'en débarrasser au plus tôt. « Cela fait assez longtemps que je me sabote l'existence. » Il a accepté facilement le fait que même si la vie présente des contrariétés et demande des efforts, elle n'est pas qu'*insatisfaction et difficultés*. Il a visualisé une banderole sur laquelle il était inscrit *la vie égale insatisfaction et difficultés* qui était attachée derrière un avion. Il m'a dit faire atterrir l'avion, couper les fils de la banderole et jeter celle-ci dans le feu. Il s'est ensuite vu inscrire une autre phrase sur une nouvelle banderole qu'il a rattachée à l'avion : *La vie est remplie de satisfactions et cela la rend facile*. L'avion s'est envolé avec son nouveau message.

- Il a ouvert les yeux et s'est mis à rire : « Chaque fois que j'entendrai un avion, je penserai à ma nouvelle phrase. J'espère simplement qu'elle m'emmènera vers des horizons plus heureux. »

Retrouvons maintenant Laura F., cette femme victime d'un traumatisme crânien, qui avait vécu pendant plus de quarante ans avec la fausse croyance-équation innée qui dit que *la vie égale omnipotence*, croyance qui l'avait persuadée qu'elle devrait être capable de tout faire et tout réussir. Elle s'était toujours sentie vivante à travers sa grande capacité à résoudre les divers problèmes et adorait les complications qu'elle voyait comme de simples puzzles à résoudre. Très tôt, elle avait développé une croyance-équation associée qui l'avait convaincue que *la vie égale problèmes* puisque les poussées d'adrénaline que ceux-ci lui procuraient la faisaient se sentir bien vivante. Cependant, le traumatisme crânien subi lui ayant fait perdre partiellement les capacités de concentration, de synthèse et d'analyse qui l'avaient toujours servie jusque-là, les problèmes se sont donc accumulés et elle s'est sentie submergée. La vie présentait désormais trop de problèmes et elle était persuadée qu'il était impossible de l'améliorer. Cette croyance-équation acquise qui l'avait fait se sentir vivante si longtemps l'amenait désormais à se percevoir comme nulle et incompétente.

Après avoir confronté la fausse croyance-équation innée relative à l'omnipotence, Laura a dû déprogrammer la croyance acquise associant la vie à une succession constante de problèmes.

- Elle a d'abord visualisé la croyance *« la vie égale problèmes »* inscrite sur une feuille de papier.

- Après quelques hésitations et résistances, elle a finalement reconnu que la vie ne présentait pas que des problèmes et a même fait un peu d'autodérision : « Avec une telle croyance, il est certain que je les cherchais, les problèmes, et peut-être même que j'en inventais là où il n'y en avait pas vraiment. »
- Avec cette phrase, Laura démontrait qu'elle avait déjà pris du recul lui permettant de voir ses comportements antérieurs dans leur globalité.
- Elle a accepté de se défaire de cette croyance illogique et s'est imaginée faisant brûler la feuille dans l'âtre d'un foyer extérieur.
- Elle a ensuite visualisé une feuille de papier vierge sur laquelle elle a inscrit que *la vie est un amalgame de problèmes, de solutions, de complications et de facilité*.
- Elle a par la suite préparé des encadrés contenant cette phrase et elle les a placés sur le réfrigérateur, dans sa chambre à coucher et dans son portefeuille afin de les voir souvent et d'ainsi renforcer la nouvelle programmation.

Avec la déprogrammation de leurs fausses croyances-équations innées et acquises, Caroline, Marcel et Laura ont éradiqué les sources de leur cancer psychologique respectif. Caroline est rapidement devenue moins dépendante de son mari et de son père, réalisant qu'elle pouvait survivre seule si la situation – non souhaitable évidemment – devait se présenter. Marcel, pour sa part, a vu ses tendances à la frustration diminuer fortement alors que le découragement de Laura a laissé une certaine place à l'espoir.

Si Caroline Marcel et Laura avaient effectué la déprogrammation de leurs fausses croyances-équations alors qu'ils avaient dix-neuf ou vingt ans, l'intervention se serait probablement avérée suffisante pour leur permettre de recommencer à vivre pleinement dès ce travail terminé, car, à cet âge, il y avait peu de problématiques secondaires découlant du cancer psychologique dont ils souffraient. Le fait que les cancers aient perduré à l'âge adulte a entraîné chez eux des troubles de comportement, des peurs irréalistes, des peines refoulées, de la colère, de la panique, de la tristesse, de la mésestime de soi et plusieurs autres dommages collatéraux qui ont contribué à infecter leur pensée et à saper la solidité de leur structure psychologique. Certains de ces éléments négatifs peuvent disparaître d'eux-mêmes à la suite de la guérison d'un cancer psychologique, mais, lorsqu'ils sont fortement ancrés, ils ont tendance à demeurer et à créer des problématiques telles que le ressentiment, l'apitoiement et le manque de confiance en soi, les doutes, la honte et la culpabilité qui sont tous générateurs de souffrance et qui peuvent se comparer aux abcès qui touchent le corps humain. La situation psychique de Caroline, Marcel et Laura s'est grandement améliorée suite aux soins apportés à leur cancer psychologique, mais les problèmes ne sont pas disparus complètement. Nous les retrouverons bientôt et verrons alors comment leur travail en psychologique chirurgicale s'est poursuivi.

Même s'ils découlent directement des cancers psychologiques, nous pouvons voir les désordres associés comme ayant des entités propres et pouvant être soignés dans une globalité, même en dehors de la notion de cancer. Dans la deuxième partie de cet ouvrage, nous verrons maintenant ce que sont les abcès psychologiques qui découlent des cancers de la pensée, comment ils se développent, de quoi ils sont constitués et, surtout, comment les traiter pour éliminer l'infection et la souffrance qu'ils génèrent. Mais avant, voyons un tableau montrant la diversité des fausses croyances-équations acquises comparativement aux fausses croyances-équations innées et qui servira de résumé à notre propos. Il faut également noter que les fausses croyances-équations acquises sont très nombreuses et qu'elles ne se limitent pas nécessairement à celles qui y sont inscrites. Il est possible d'en trouver d'autres et de les formuler de façon à les adapter à la situation de chaque personne.

EXEMPLES DE FAUSSES CROYANCES-ÉQUATIONS

CROYANCES-ÉQUATIONS INNÉES	CROYANCES-ÉQUATIONS ACQUISES
La solitude égale le vide. La vie égale plaisir. La vie égale omnipotence.	La vie égale batailles continuelles La vie égale activités incessantes La vie égale complications La vie égale compromis constants La vie égale contrôle La vie égale danger La vie égale déception La vie égale difficultés La vie égale échecs La vie égale ennui La vie égale éternel recommencement La vie égale frustration La vie égale hyper vigilance La vie égale injustice La vie égale insatisfaction La vie égale insécurité La vie égale oubli de soi La vie égale performance La vie égale prise en charge d'autrui La vie égale problèmes La vie égale rejet La vie égale réussite obligatoire La vie égale souffrance La vie égale soumission La vie égale trahison, etc.

Deuxième partie

Les abcès psychologiques

CHAPITRE 6

Les abcès psychologiques

Dans le domaine physique, le cancer ne participe pas directement à la création d'abcès, mais, en affaiblissant le système immunitaire, il contribue à ouvrir la porte à diverses formes d'infection et provoque ainsi des dommages collatéraux indirects. Une situation analogue se produit avec les cancers psychologiques, alors que les fausses croyances-équations affaiblissent la capacité logique d'une personne et permettent à de nombreuses peurs irréalistes de s'enraciner. Ces peurs étant source d'infection de la pensée, elles peuvent produire des abcès psychologiques qui contaminent les perceptions, les attitudes et les comportements. La présence d'abcès psychologiques se manifeste principalement par des désordres tels le ressentiment, l'apitoiement sur soi, la haine de soi et d'autrui, la méfiance, l'agressivité, les explosions de colère ou de rage, la révolte, l'hypocondrie, l'autodestruction, la détresse et l'incapacité de finaliser un deuil ou une rupture affective.

Même si les premiers s'attaquent au corps et que les seconds touchent le fonctionnement psychique, il y a un parallèle intéressant à effectuer entre les abcès physiques et les abcès psychologiques, car ils suivent un cheminement similaire dans leur enracinement, leur développement et leur traitement.

La constitution des abcès physiques

Les abcès sont des accumulations de substances organiques en décomposition qui se forment dans un organe ou sur une partie du corps à la suite d'une inflammation ou d'une infection et qui constituent une réaction de défense face à un agent pathogène. Lorsqu'une infection est détectée, des globules blancs se rendent sur le site de l'inflammation et détruisent les corps étrangers qui y sont présents. Ces globules blancs meurent après quelques jours, créant des déchets organiques auxquels s'ajoutent divers débris, cellules mortes et autres tissus nécrotiques. Tous ces rebuts forment un pus qui a tendance à s'étendre en périphérie du lieu d'origine de l'infection. Les abcès se résorbant rarement d'eux-mêmes, ils doivent être ouverts et vidés de leur contenu pour guérir. Lorsque l'accès direct au fond du site d'infection ou d'inflammation est possible, tout son contenu est extrait sur-le-champ et le site est désinfecté. S'il y a impossibilité d'effectuer cette opération, la pose d'une mèche empêchera la plaie de se refermer avant que tout le contenu soit éliminé.

La constitution des abcès psychologiques

Un abcès psychologique est un amoncellement d'*ordures* dans le système de fonctionnement psychique. Le pus psychologique est constitué d'une accumulation de matière en décomposition créée de vieilles peines, de peurs, de déceptions, de rancunes, de culpabilité, de honte, d'incompréhension et de doutes. Le premier traitement d'un abcès psychologique est l'évacuation de ces *déchets* psychiques. L'abcès crève souvent de lui-même et une partie de son contenu est évacuée lorsque la personne infectée exprime son ressenti par des mots, des larmes et de la colère. Cependant, l'abcès se referme par la suite sur les vieilles émotions qui continuent d'alimenter la plaie et qui créent d'autres dommages psychologiques tels le ressentiment, l'apitoiement sur soi ou la mésestime personnelle.

PARALLÈLE ENTRE LES ABCÈS PHYSIQUES ET LES ABCÈS PSYCHOLOGIQUES

	LES ABCÈS PHYSIQUES	**LES ABCÈS PSYCHOLOGIQUES**
Créés par:	– La présence d'un corps étranger ou d'un micro-organisme viral ou bactérien.	– La présence de peurs irréalistes.
Provoquent:	– Inflammation ou infection d'un tissu ou d'un organe. – Intervention du système immunitaire.	– Inflammation ou infection de la pensée. – Intervention des mécanismes de défense psychologiques.
Contiennent un pus constitué d'une accumulation de:	DÉCHETS ORGANIQUES: débris, cellules mortes, tissus nécrosés.	DÉCHETS ÉMOTIFS: vieilles peines, peurs, déceptions, rancunes, culpabilité, honte, doute.
Traitement	Évacuation de la matière purulente.	Évacuation de la matière purulente.
Procédé	MÉDECINE Extraction du pus suivi d'une désinfection et de la pose d'une mèche si nécessaire.	PSYCHOLOGIE CHIRURGICALE Extraction de la globalité des vieilles peines, peurs, etc., à l'intérieur d'une même opération.

La racine première de tout abcès psychologique est la présence de peurs irréalistes qui sont engendrées par les fausses croyances-équations et qui, lorsqu'elles s'installent sur une base permanente, provoquent des inflammations ou des infections de la pensée et positionnent l'esprit sur un mode défensif.

Les peurs irréalistes

La peur est un élément essentiel à la vie, car c'est elle qui déclenche l'instinct de survie face aux dangers potentiels. La personne qui répète qu'elle ne craint rien se ment à elle-même, ou est inconsciente de son processus de survie : si elle n'avait réellement peur de rien, elle ne serait plus là pour le dire. La peur est donc essentielle dès que se pointe un danger réel immédiat et elle disparaît lorsqu'il est passé.

Si les peurs réalistes sont primordiales à la survie d'une personne, il en va tout autrement des peurs irrationnelles, c'est-à-dire celles qui ne réfèrent pas à des dangers réels, mais relèvent plutôt de l'anticipation. Dans cette catégorie, on retrouve, notamment, les peurs de la souffrance, du rejet, de l'abandon, de la trahison, de l'avenir, de l'échec, de l'engagement, de l'inconnu et du jugement. Si la logique ne parvient pas à dédramatiser la sensation de péril, le cerveau peut réagir instinctivement en se positionnant en mode défensif, bien que ces éléments ne menacent pas réellement la survie.

Les peurs irréalistes ne disparaissent pas facilement ; elles sont engendrées par une sensation de danger toujours présente. Par exemple, la personne qui a peur du rejet le craindra continuellement et tentera d'échafauder divers plans pour l'éviter. Les comportements destinés à diminuer ou à éliminer le danger de rejet ont pour conséquence directe de nourrir encore plus la peur d'être rejeté. Les diverses peurs irréalistes suivent toutes le même processus de développement et de fonctionnement. Elles ont le pouvoir d'infecter le système psychologique et de contribuer ainsi à la création d'abcès psychiques.

PROCESSUS DE TRANSFORMATION DES PEURS IRRÉALISTES EN ABCÈS PSYCHOLOGIQUES

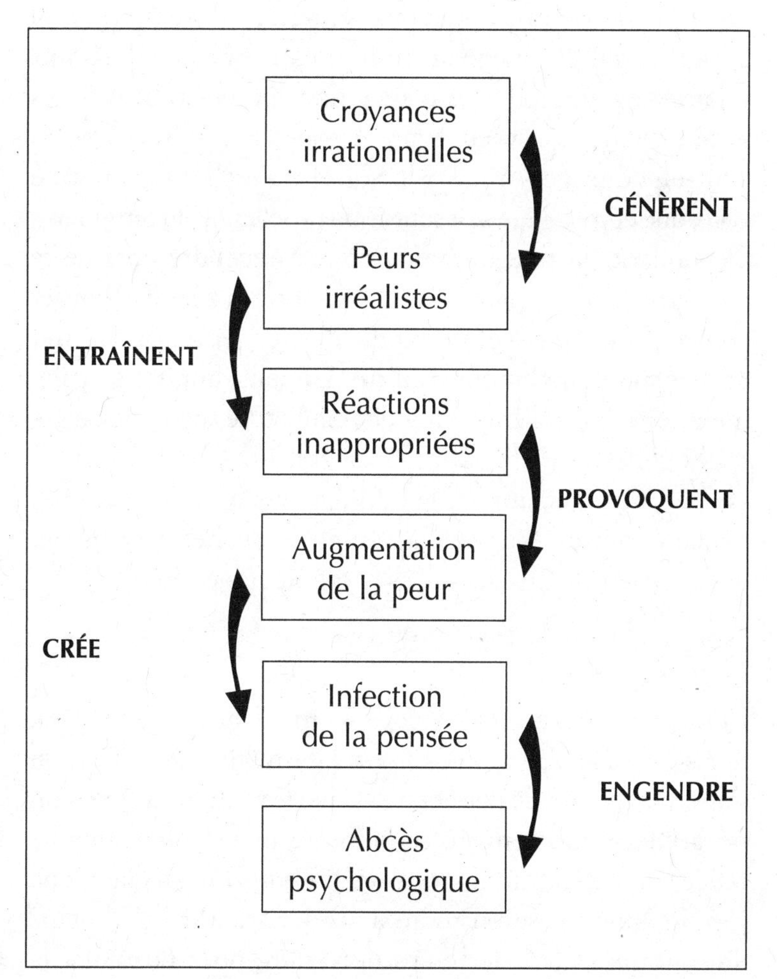

Les résidus associés aux peurs irréalistes

Les peurs irréalistes constituent la source d'infection des abcès psychologiques et elles ont le pouvoir de créer de nombreux déchets psychiques tels le maintien d'anciennes peines, la rancune, le doute, des sentiments d'impuissance, d'incompréhension ou d'injustice ainsi que d'autres peurs dérivées.

Pour bien comprendre la création de la purulence psychologique, nous pouvons reprendre l'exemple de la personne qui vit une peur irrationnelle du rejet. Il y a fort à parier qu'elle héberge d'anciennes peines reliées à des sensations de rejet vécues dans le passé. Peut-être même en veut-elle aux personnes par qui elle s'est sentie mise de côté, que cette colère soit sourde ou proclamée ouvertement. Cependant, la pire forme de colère engendrée par cette peur irréaliste est celle que la personne risque de tourner contre elle-même si elle croit qu'elle ne mérite pas d'attirer et de conserver l'amour d'autrui. La peur du rejet a également le pouvoir d'engendrer de nombreuses peurs associées telles celles de l'abandon, de la trahison, de l'erreur, de l'échec, du jugement, de la critique, de l'accord de sa confiance et autres. Ce sont là autant de déchets psychiques que contient le pus des abcès psychologiques.

La peine

L'un des résidus associés aux peurs irréalistes est une peine qui s'éternise. La peine est en elle-même une émotion importante, car elle permet d'évacuer un surplus de pression négative au moment où se présente une douleur morale reliée à une déception, une mauvaise surprise, un deuil, une rupture amoureuse ou toute autre cause. Mais une peine dure normalement le temps nécessaire pour retrouver la capacité logique d'affronter l'événement. Lorsque la peine s'enracine et s'installe sur une base permanente, elle devient une réponse aux peurs qui la sous-tendent, un peu comme si elle pouvait protéger une personne contre des déceptions ou des mauvaises surprises à venir. À la longue, cette peine se dégrade et se transforme en déchet psychologique. Elle alimente l'abcès qui, à son tour, créera de la souffrance supplémentaire.

La rancune

Autre résidu des abcès psychologiques, la rancune est le fait d'en vouloir à quelqu'un à cause d'une offense ou d'une injustice commise. Si elle s'accompagne d'un désir de vengeance, la rancune se transforme en ressentiment, un état d'esprit qui fait que la personne se remémore encore et encore la douleur associée à l'offense ou au geste commis. Le fait de garder de la rancœur cache toujours un doute que l'offense ait pu être méritée. Tant et aussi longtemps qu'une personne en veut à une autre pour une injure, par exemple, elle s'accroche à la croyance que tout est de la faute de l'autre et elle refuse ainsi d'examiner sa propre part de responsabilité dans la situation. Le doute demeure dans l'inconscient, y pourrit et augmente l'infection dans l'abcès.

Le doute

Les peurs irrationnelles ont le pouvoir de créer chez une personne des doutes relatifs à sa valeur, à ses capacités et à sa compétence. Voici quelques exemples.

- Les peurs irraisonnées du rejet, de l'abandon, de la trahison, du jugement et de la critique alimentent le doute relatif à la valeur qu'une personne s'accorde, à savoir qu'elle n'est peut-être pas suffisamment importante et attirante pour être aimée pour ce qu'elle est.

- Les peurs irraisonnées de l'avenir, de l'inconnu et du changement reposent sur les doutes qu'entretient une personne quant à sa capacité de faire face aux difficultés de la vie.
- Les peurs de l'échec et de l'erreur nourrissent les doutes d'une personne concernant sa compétence.

Tous les doutes touchant la valeur d'une personne, sa compétence et sa capacité à assumer sa vie représentent des vecteurs de contamination de la structure psychologique et contribuent fortement à la formation et au maintien des abcès émotifs.

Le sentiment d'incompréhension

Autre résidu, le sentiment d'incompréhension nourrit les peurs irrationnelles qui coupent l'accès à la logique et provoquent de nombreuses questions qui demeurent sans réponse.

- Pourquoi dois-je vivre du rejet ?
- Pourquoi est-ce que je ressens un malaise continuel ?
- Pourquoi tant de difficultés ?
- Pourquoi ne suis-je jamais vraiment satisfait ?
- Pourquoi cela m'arrive-t-il à moi ?
- Pourquoi... ?
- Pourquoi... ?

– Pourquoi… ?

Toutes ces questions sont alimentées par les doutes et créent d'autres incertitudes ; l'inflammation continue et l'infection augmente.

Le sentiment d'injustice

Les peurs irrationnelles provoquent un autre résidu psychologique, le sentiment d'injustice. Lorsqu'une personne ne comprend pas les raisons de son mal-être, elle peut en venir à croire qu'il n'existe aucun motif valable à sa présence et considérer qu'il est injuste qu'elle en soit affectée. Elle pourra également voir de l'injustice dans chacun des rejets qu'elle a subis, dans chaque difficulté rencontrée ou dans les jugements et critiques qui lui sont adressés. Le refus ou l'incapacité de confronter les événements à la réalité l'empêche de voir l'ensemble des situations et le fait de crier à l'iniquité peut l'inciter à tomber dans l'apitoiement sur elle-même.

Le sentiment d'impuissance

L'une des pires expériences subies dans les dérèglements psychologiques est l'impression de n'avoir aucun pouvoir sur sa propre vie et sur son déroulement. Le sentiment d'impuissance découle de l'impossibilité pour la logique de prendre sa juste place et de dédramatiser les émotions ressenties. Dans les faits, la logique représente une forme de mise à la terre qui permet de demeurer dans la réalité et d'éviter que les émotions envahissent tout le champ de la conscience. En l'absence de la logique, la vie devient tributaire des soubresauts émotifs et provoque l'impression d'impuissance. Comme tous les autres déchets psychologiques, le sentiment d'impuissance concourt à la formation d'abcès émotifs, mais, en outre, il contribue fortement à faire ressentir la douleur qui leur est rattachée.

Les peurs associées

Certaines peurs irréalistes ont le pouvoir d'engendrer d'autres peurs qui peuvent sembler moins dangereuses, mais qui, dans les faits, servent uniquement à se protéger des dangers anticipés via la peur principale.

Ainsi, la peur irrationnelle de l'inconnu peut générer les peurs :

- de l'avenir ;
- de faire des choix ;
- de l'insécurité ;
- de s'assumer ;
- du changement ;
- de dire oui ;
- de dire non ;
- de la maladie ;
- de vieillir ;
- de la mort.

Pour sa part, la peur irraisonnée du rejet peut facilement entraîner les peurs :

- de l'abandon ;
- de la trahison ;
- de s'affirmer ;
- de faire confiance ;

– de n'être pas correct ;
– du jugement ;
– de la critique ;
– de l'erreur ;
– de l'échec ;
– de l'engagement ;
– de décevoir ;
– de déplaire ;
– de déranger.

Chacune des peurs secondaires qui s'amalgament aux peurs principales représente, lorsqu'elles sont exacerbées et sans nuances, autant de détritus psychologiques qui nourrissent les abcès émotifs et leur permettent de s'envenimer davantage.

La colère contre soi-même

Toute personne qui vit avec un abcès psychologique ressent une forme de colère tournée contre elle-même, que cette animosité soit subtile ou qu'elle s'exprime plus ouvertement. Elle peut s'en vouloir un peu de ne pas avoir une meilleure maîtrise d'elle-même ou, lorsque l'infection est très répandue, en venir à se détester ou à carrément se haïr. La colère tournée contre soi prend différents visages, pouvant aller de l'autodérision à l'acte suicidaire, en passant par les comportements destructeurs, la culpabilité, la honte, le perfectionnisme, la dépression, le découragement et même l'automutilation.

La colère contre soi-même est souvent alimentée par une impression :

- d'être incapable de vivre normalement ;
- de n'avoir pas droit au bonheur ;
- de ne pas mériter l'amour ;
- d'être incompétent ;
- de ne pas être suffisamment intelligent ;
- d'être lâche ;
- de ne pas avoir pris de maturité ;
- et autres.

L'entremêlement des déchets psychologiques

Tous les résidus émotifs présents dans les abcès psychiques ont la capacité de s'entremêler jusqu'à ce qu'il devienne impossible de les identifier individuellement et de trouver leur cause. Les peurs associées créent de nouvelles peines qui s'ajoutent à l'incompréhension, laquelle engendre de nouvelles peurs qui génèrent de la colère, laquelle provoque de la culpabilité qui à son tour cause de l'impuissance créant de nouvelles peurs, et ainsi de suite. En voici une figure imagée (voir p. 137).

Les abcès psychologiques et l'absence de logique

Dans la structure psychologique, le rôle de la logique est de dédramatiser les émotions et les sentiments en les replaçant dans un contexte global, en cohérence avec la réalité environnante. Cependant, comme les éléments qui constituent le contenu purulent des abcès psychologiques sont basés sur des peurs irréalistes, ils échappent à l'argumentation logique qui est nécessaire à l'obtention d'un certain équilibre.

ENTREMÊLEMENT DES DÉCHETS ÉMOTIFS DANS UN ABCÈS PSYCHOLOGIQUE

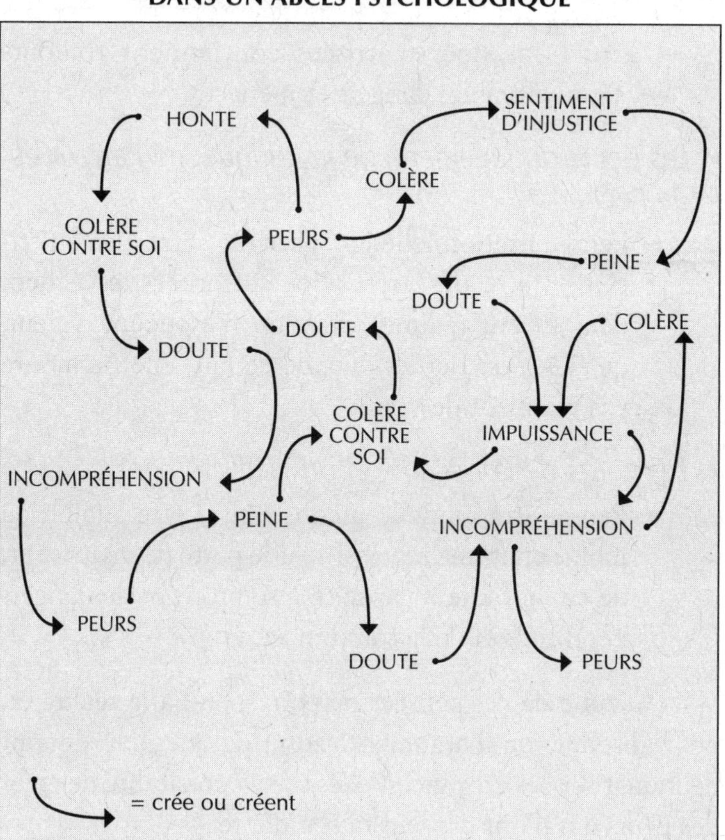

Absence de logique dans les peurs

Les peurs irrationnelles font fi de la perception logique. En l'absence de logique, des pensées irrationnelles peuvent s'imposer et dramatiser les perceptions :

- *La peur du rejet :*
  - Pensée irrationnelle inconsciente : le fait d'être rejeté, abandonné ou trahi provoque une souffrance si intense qu'elle peut mener à la mort ou à la folie.

- *La peur de l'inconnu :*
  - Pensée irrationnelle inconsciente : l'avenir ou les situations non maîtrisées contiennent toujours d'innombrables dangers et menaces.
- *Les peurs du jugement, de la critique, de l'erreur et de l'échec :*
  - Pensée irrationnelle inconsciente : être jugé ou critiqué, faire des erreurs ou affronter des échecs démontrent qu'une personne n'a aucune valeur, qu'elle n'est rien et que, de ce fait, elle ne mérite pas vraiment de vivre.
- *Les peurs de la maladie et du vieillissement :*
  - Pensée irrationnelle inconsciente : être affaibli ou moins en forme représente une perte de maîtrise et, de ce fait, une incapacité à se protéger de dangers potentiels et de la souffrance.

Aucune de ces pensées ne correspond à la réalité et, en l'absence de l'argumentation logique qui devrait dédramatiser ces croyances, elles ont la possibilité de créer des peurs qui n'ont pas leur raison d'être.

Mélanie D. est une jeune femme de vingt-cinq ans vivant avec une forte anxiété dont les symptômes sont une peur excessive de la maladie et de la souffrance. Elle s'oblige à une alimentation très équilibrée ainsi qu'à des séances quotidiennes de mise en forme, et s'astreint à éviter tout ce qui pourrait prendre la forme d'un contaminant à sa santé. Elle connaît ses réactions corporelles normales et elle a tendance à paniquer au plus petit changement. Mélanie vit donc dans une inquiétude constante. Elle perçoit physiquement cette anxiété et cette angoisse par des serrements au niveau de la cage thoracique et du cœur ainsi que par des désordres intestinaux, mais elle n'est pas consciente de la source réelle de ces malaises. Elle les attribue plutôt à l'annonce de troubles cardiaques ou à une possible tumeur intestinale. Dès qu'apparaît le moindre symptôme de rhume, de dérèglement gastrique ou de palpitations cardiaques, elle court chez le médecin ou à l'urgence la plus proche. Plus elle angoisse, plus elle ressent de symptômes physiques, et plus elle ressent de troubles physiques, plus elle angoisse. Elle est emprisonnée dans un cercle vicieux.

Dans les faits, derrière cette peur obsessive de la maladie se profilent des pensées totalement illogiques et inconscientes lui disant que la maladie mène directement à la mort, qu'elle est donc une menace à sa survie et que, de ce fait, il faut s'en méfier constamment et la prévenir à tout prix. Lorsque Mélanie prend conscience de la présence de ces pensées illogiques, elle réalise que peu de maladies mènent directement à la mort, que la plupart des maladies sont bénignes et le plus souvent imprévisibles et que le fait de se stresser avec l'éventualité d'une maladie rend souvent plus malade que la maladie elle-même.

Absence de logique dans la peine

La peine est une douleur morale qui provoque une sensation d'accablement et de tristesse. Son expression principale se traduit par les pleurs qui deviennent un exutoire à la forte pression engendrée par la douleur. Cette souffrance morale a sa raison d'être au moment d'un choc ou d'une perte, qu'elle soit amoureuse, familiale, professionnelle, financière ou autre, mais, lorsqu'elle s'installe en permanence dans le système émotif, elle perd sa raison logique d'exister, devient irrationnelle et souvent paralysante, car elle est alors alimentée directement par de fausses impressions telles que :

- le monde s'écroule ;
- il est impensable de vivre sans la personne qui nous a quitté ;
- il est impossible de se débrouiller seul ;
- la peine ressentie conserve l'autre bien vivant malgré son décès ;
- s'apitoyer sur son propre sort apporte du soulagement ;
- la situation est trop injuste.

Ces impressions sont fausses et illogiques, car elles ne correspondent pas à la réalité. En fait, la logique nous permettrait de dédramatiser les émotions et les sentiments afin de reconnaître que :

- même dans les moments les plus difficiles, la vie continue autour de soi ;
- il peut être difficile, mais toujours possible de survivre sans l'autre ;
- l'être humain est rempli de ressources et la société lui en offre de multiples ;
- la peine ressentie conserve la douleur bien vivante et incite la personne éprouvée à mettre l'accent sur ce qui manque plutôt que sur les beaux souvenirs ;
- pleurer sur son propre sort alimente la frustration et permet de ne pas affronter la peur de s'assumer ;
- s'accrocher à un sentiment d'injustice a surtout comme effet de permettre à une personne d'éviter de prendre ses responsabilités face à l'avenir.

Qu'elle apparaisse suite à un choc, à un deuil ou à une trop grande fatigue, la peine recouvre toujours une incertitude quant à sa capacité d'assumer sa vie et les difficultés qu'elle comporte. Un doute n'est pas mauvais lorsqu'il donne l'occasion de s'évaluer objectivement pour mieux continuer, mais, lorsqu'il demeure latent et non confronté par la logique, il engendre la peine qui, elle, alimente l'abcès émotif. Lorsque les peurs et les doutes qui causent la peine sont confrontés à la réalité par la logique, cette peine excessive n'a plus sa raison d'être et disparaît.

À la suite d'un pénible divorce, Frédéric S. se pose en victime, tant auprès de sa famille que de ses amis et de ses collègues de travail. Son discours répétitif décrit le fait qu'il s'était investi corps et âme dans cette relation, qu'il souffre de ne plus vivre en permanence avec ses enfants, que son ex-conjointe l'a trompé et que la vie est trop injuste. Lorsqu'il aborde le sujet, il lui arrive encore souvent de pleurer à chaudes larmes, même si la rupture remonte à deux ans. Frédéric se cramponne à sa peine comme à une bouée de sauvetage et fait du surplace. En s'accrochant ainsi à sa peine, il n'assume ni sa vie présente ni celle à venir.

Les croyances illogiques qui sous-tendent sa réaction sont qu'il est absolument impensable de vivre sans sa femme et ses enfants, qu'il lui est impossible de se débrouiller seul, que sa peine garde son mariage vivant malgré le divorce et que le fait de raconter ses malheurs apporte du soulagement. La prise de conscience de ces croyances illogiques permet à Frédéric de réaliser qu'il a survécu à l'absence quotidienne de son épouse et de ses enfants, qu'il a appris à vivre seul depuis deux ans et qu'il n'en est pas mort, que son mariage est terminé, avec ou sans la peine et, surtout, que le fait de répéter constamment ses doléances ne le soulage pas, mais, au contraire a entretenu la douleur.

Absence de logique dans la colère

La colère est une réaction qui permet d'évacuer une trop forte tension occasionnée par les peurs et les peines. Lorsque la pression interne se fait insoutenable, la colère devient un mécanisme de protection qui empêche l'individu d'étouffer et d'imploser, en laissant s'extérioriser le surplus d'émotions accumulées.

Les peurs et les peines créent donc une forte pression interne qui doit être évacuée. Elle peut s'extérioriser et être régulée par l'expression verbale des émotions ressenties ou par les pleurs. Cependant, si les émotions demeurent bloquées ou refoulées, la pression accumulée doit trouver un exutoire et le mode d'évacuation le plus accessible est la colère. En effet, la colère est facilement disponible et apporte toujours un soulagement temporaire face à une charge émotive violente. Mais elle crée parfois de lourds dégâts en raison des paroles et des gestes inappropriés qu'elle peut entraîner.

L'explosion de colère se compare au fait, pour un abcès, de crever : elle laisse jaillir une partie de la matière purulente et apporte ainsi un soulagement temporaire. Lorsqu'elle s'installe sur une base continue, la colère devient un mode de fonctionnement quasi automatique sur lequel la logique n'a pas d'emprise. Lorsqu'elle s'installe comme mode usuel de réaction, la colère devient irrationnelle et souvent destructrice, car elle est alors alimentée directement par de fausses impressions telles que :

- C'est trop injuste ;
- La situation est totalement inacceptable ;
- Le seul moyen d'être entendu est de parler haut et fort ;
- La colère soulage ;
- La colère redonne du pouvoir.

Ces impressions ne sont pas entièrement réalistes. L'intervention de la logique permet de réaliser que :

- La justice parfaite n'existe pas ;
- La situation est difficile à accepter ;
- Le fait de crier permet d'être entendu, mais pas nécessairement d'être écouté ;
- La colère apporte un soulagement qui n'est que temporaire ;
- La colère est une réaction qui dénote une perte de contrôle et un sentiment d'impuissance.

Isabelle N., vingt-sept ans, a développé une très mauvaise habitude qui la pousse à crier dès qu'on la confronte à une réalité désagréable, qu'elle se sent jugée négativement ou qu'elle craint de ne pas être entendue. Elle est poussée par une agressivité constante et la colère qu'elle exprime ainsi lui donne l'impression d'éviter d'être blessée par les autres et de prendre le contrôle sur les situations à affronter. Après une bonne crise de colère ou de rage, elle se sent mieux et dit ressentir beaucoup de soulagement. Ces comportements verbaux ont cependant tendance à éloigner d'elle des gens qui l'aiment et lui occasionnent de nombreux déboires au travail.

Les pensées illogiques et inconscientes qui nourrissent sa colère concernent l'importance que les autres sachent qu'elle existe et que, pour ce faire, il faut parler haut et fort pour être entendu, que la colère permet de contrôler son environnement et, finalement, que la colère soulage les tensions. L'intervention de la logique peut d'abord lui démontrer qu'il n'est pas essentiel que chaque personne sur terre sache qu'elle existe et que l'on peut très bien être entendu en parlant d'une voix calme et affirmée. Elle peut également lui faire voir que la colère est carrément une perte de contrôle sur soi et sur l'environnement et, enfin, qu'elle procure peut-être un soulagement passager, mais génère de nombreux dégâts.

Absence de logique dans la colère contre soi

La colère qu'une personne tourne contre elle-même est souvent plus diffuse, donc moins perceptible. Elle se traduit rarement par des explosions. Elle suit plutôt des méandres plus ou moins discrets d'autodestruction. La personne qui est en colère contre elle-même s'en veut principalement de n'être ni parfaite ni toute-puissante. Cette forme de colère découle donc directement d'un cancer psychique associé à la fausse croyance-équation relative à l'omnipotence. Comme une telle fausse croyance est par nature irrationnelle, la logique se trouve dans l'impossibilité d'intervenir dans le processus des jugements que la personne porte sur elle-même. La colère contre soi-même est souvent alimentée par une impression :

- d'être incapable de vivre normalement ;
- de n'avoir pas droit au bonheur ;
- de ne pas mériter l'amour ;

- d'être incompétent;
- de ne pas être suffisamment intelligent.

Ces jugements portés sur soi sont drastiques et irrationnels. L'intervention logique permet de reconnaître que:

- Des périodes plus difficiles sont une partie normale de toute vie;
- Tous les êtres humains ont droit au bonheur;
- L'amour est un droit inné qui n'a pas à se mériter par la perfection;
- Tout être humain est compétent dans certains domaines et moins dans d'autres;
- Il n'est pas nécessaire d'être Albert Einstein pour être intelligent.

Jeannine B. est une femme de soixante-quinze ans, veuve depuis une dizaine d'années, chez qui on sent une grande tristesse et qui fait montre d'un tempérament renfermé et même acariâtre. Comme elle n'a jamais vraiment compris qu'elle n'avait pas à être parfaite, elle se remémore constamment tous les échecs de sa vie, tout comme les situations dans lesquelles elle aurait pu mieux agir et réagir. Elle a l'impression de ne pas avoir bien réussi l'éducation de ses enfants puisque deux d'entre eux sont divorcés alors que le troisième est homosexuel. Elle est persuadée d'avoir quelque chose à voir dans leur difficulté à fonctionner « normalement », comme elle le dit.

Les croyances illogiques qui se trouvent derrière la colère développée contre elle-même sont qu'elle n'a pas été une bonne mère, qu'elle s'est montrée incompétente et qu'elle ne mérite donc pas d'être heureuse. L'intervention logique peut lui faire voir que le bonheur n'a rien à voir avec l'obligation de perfection, qu'elle a fait du mieux qu'elle pouvait avec ce qu'elle savait et que ses enfants sont devenus des adultes indépendants qui ont développé leur propre notion de normalité et qu'il en est très bien ainsi.

Absence de logique dans les doutes

Les principaux doutes qui contribuent aux abcès psychologiques d'une personne sont ceux relatifs à :

- sa capacité d'assumer sa propre vie ;
- sa valeur en tant que personne ;
- sa compétence relationnelle ;
- sa compétence professionnelle ;
- ses droits…
  - à la vie ;
  - à l'amour ;
  - au respect ;
  - au bonheur.

Chacun de ces doutes repose sur une évaluation de soi-même qui prend sa source dans un certain perfectionnisme, et aucun d'eux ne résiste longtemps à une confrontation efficace avec la logique, car chaque personne a de la valeur, des capacités d'autonomie et de relations interpersonnelles, ainsi qu'une certaine compétence professionnelle. Les doutes reliés aux droits à la vie, à l'amour et au bonheur impliquent la croyance irrationnelle que ces droits doivent se mériter, alors que dans les faits ils sont fondamentaux et appartiennent à tous les êtres humains sans distinction. Ces doutes sont illogiques et, lorsqu'ils s'installent en permanence dans le système émotif, ils sabotent l'estime de soi. Ils découlent directement de fausses impressions telles que de :

- Ne pas avoir suffisamment de valeur en tant que personne ;
- Ne pas posséder les capacités nécessaires pour affronter la vie ;
- Devoir tout réussir parfaitement ;
- Devoir atteindre de hauts niveaux de performance ;
- Devoir tout faire pour mériter l'amour, le bonheur et le respect d'autrui.

Ces impressions reposent sur des obligations absolues qui ne sont pas réalistes. L'intervention de la logique permet à une personne de reconnaître que :

- Même si elle ne les possède pas toutes, elle a de nombreuses forces et qualités et donc, de la valeur ;
- Elle a développé les capacités minimales qui permettent de vivre et de faire face à la vie ;
- Pas plus que quiconque, elle n'a à être parfaite ;
- La recherche de performance répond à une peur du jugement d'autrui. L'objectif réellement important réside dans le fait d'être fier de soi à son propre regard et non à celui des autres ;
- L'amour, le bonheur et le respect sont des droits innés qui n'ont pas à être quémandés.

Nadine M. est une femme de quarante-deux ans qui dit préférer ne plus croire à l'amour et au bonheur. Elle a accumulé plusieurs expériences douloureuses qui l'ont persuadée que le bonheur n'était pas pour elle. Même si elle a l'impression d'avoir tout fait pour que ses relations amoureuses fonctionnent bien et durent, les échecs se sont accumulés. Elle ajoute n'en avoir sans doute pas assez fait ou ne peut-être simplement pas mériter l'amour et le bonheur.

Les pensées illogiques et inconscientes qui sous-tendent les doutes qu'elle maintient à son égard lui laissent croire que l'amour et le bonheur ne sont pas gratuits, qu'ils doivent se mériter et qu'elle n'a pas suffisamment de valeur en tant que personne. Lorsqu'elle prend conscience de la présence de ces pensées irrationnelles, elle peut facilement réaliser qu'elle est une bonne personne, qu'elle a de la valeur, et que l'amour et le bonheur sont des dons gratuits qui n'ont pas à se mériter par la perfection.

Absence de logique dans le sentiment d'incompréhension

L'incompréhension est l'incapacité de comprendre quelque chose, alors qu'un sentiment d'incompréhension repose sur un refus de comprendre ou sur une volonté de chercher des explications à l'inexplicable. Le sentiment d'incompréhension sert souvent de refuge pour éviter d'affronter une réalité émotive difficile. Pourquoi tel proche est-il décédé alors qu'il avait encore tant de belles choses à vivre ? Pourquoi ai-je à affronter une telle perte ? Même si la logique démontre qu'il n'y a pas d'explications à de tels événements, une personne peut s'obstiner à en chercher et espérer que d'éventuelles réponses en viennent à apaiser sa souffrance. Le sentiment d'incompréhension repose sur une fausse impression :

- Que tout peut s'expliquer ;
- Que tout devrait avoir un sens ;
- De ne rien comprendre à un événement ou une situation.

Ces impressions ne sont pas réalistes. L'intervention de la logique permet à une personne de reconnaître que :

- Il y a de nombreuses situations qui sont incompréhensibles et le demeureront ;
- Il n'y a pas toujours de sens visible à un événement et parfois pas de sens du tout ;
- Tout événement ou situation difficile possède à tout le moins un minimum d'explications logiques, ce qui donne une emprise minimale à la compréhension.

À vingt-trois ans, Michelle C. croit qu'il n'y a rien à comprendre de la vie, que celle-ci n'est qu'une accumulation de souffrances et de contradictions. Huit ans plus tôt, elle a été la seule survivante d'un accident automobile dans lequel sa mère et ses deux jeunes frères ont perdu la vie. Elle a vécu les années suivantes avec un père assailli par la dépression et les idées suicidaires. Elle s'est depuis posé beaucoup de questions dont la plupart sont demeurées sans réponses. Pourquoi un tel accident s'est-il produit ? Comment la vie a-t-elle pu permettre un tel gaspillage ? Pourquoi sa mère ? Pourquoi ses frères, qui n'avaient jamais fait de mal à personne ? Pourquoi son père a-t-il dû souffrir autant ? Aurait-elle pu faire quelque chose pour éviter le drame ? Cette impression de ne rien comprendre la fait lentement couler, elle aussi, dans une forme de noirceur et de désespoir.

Les croyances irrationnelles qui ont alimenté chez elle le sentiment d'incompréhension l'encouragent à penser qu'elle devrait être capable de trouver un sens à cet événement tragique et que tant que l'incompréhension demeure, il est impossible de passer à autre chose. Une confrontation de ces croyances à la logique lui démontre qu'en réalité, il y a de nombreuses situations qui sont incompréhensibles et le demeureront peu importe les efforts faits pour leur trouver un sens, et qu'il est possible de vivre sans tout comprendre puisque tous les humains le font.

Absence de logique dans le sentiment d'injustice

Lorsqu'une personne a l'impression qu'une injustice a été commise à son égard, elle peut utiliser divers moyens pour faire valoir ses droits. Lorsqu'elle se plaint d'être constamment traitée de manière inéquitable par la vie et les gens, elle fait montre d'un apitoiement sur soi qui exprime une colère déguisée servant à évacuer la pression interne occasionnée par des peurs et des peines refoulées. Parce que cette impression d'injustice lui procure un bénéfice secondaire, la personne atteinte est incapable de laisser sa logique lui démontrer qu'il n'existe pas de justice parfaite dans la vie. Le sentiment d'injustice et l'apitoiement sur soi qu'il engendre reposent sur des fausses certitudes telles que :

- La vie devrait toujours être bonne et équitable ;
- Les gens prennent soin de ceux qui font pitié ;
- La justice doit être la même pour tous.

Ces fausses convictions servent le plus souvent à éviter d'affronter les difficultés de la vie. L'intervention de la logique permet à une personne de reconnaître que, dans la réalité :

- La vie est ainsi faite qu'elle est parfois plus généreuse avec nous et parfois moins ;
- Les gens aident souvent les personnes aux prises avec des difficultés temporaires, mais ont tendance à s'éloigner de celles qui s'enlisent dans la recherche de pitié ;
- Dans un monde idéal, la justice serait la même pour tous, mais nous ne vivons pas dans un monde idéal.

Charles V. est un homme de trente-trois ans qui consomme beaucoup de cannabis et flirte dangereusement avec la dépression. Sa pensée semble articulée uniquement autour de la croyance que la vie, les événements et les gens sont trop injustes. Il en prend pour preuve toutes les innocentes victimes des guerres et des catastrophes naturelles, la pauvreté dans le monde, les traitements injustes souvent subis par les handicapés, les femmes ou les Noirs, l'homophobie et nombre d'autres iniquités. Il consomme de plus en plus parce qu'il considère vraiment trop difficile d'affronter à froid cette vie vraiment injuste. La sensation d'injustice profonde le submerge et le déprime, mais, parallèlement, elle sert de justification à sa consommation et à son inaction.

Les croyances illogiques à la base du sentiment d'injustice qui l'habite lui amènent la conviction selon laquelle la vie devrait toujours être juste et équitable pour tout le monde et que la justice devrait obligatoirement être la même pour tout le monde. Face à ces pensées irrationnelles, la logique peut lui démontrer que, dans un monde idéal, la justice serait peut-être la même pour tous, mais que nous ne vivons pas dans un monde idéal. De plus, elle peut lui faire voir en face que ce grand sentiment d'injustice sert de justification derrière laquelle il est facile de se cacher.

Absence de logique dans le sentiment d'impuissance

Le fait de se sentir impuissant devant la vie en général découle d'un besoin de maîtrise impossible à satisfaire, ce qui peut entraîner une impression d'être totalement démuni, d'être envahi par l'incapacité. La logique devrait pouvoir démontrer qu'il est possible de n'avoir aucune maîtrise de certains événements tout en conservant du pouvoir sur d'autres situations, mais la présence d'un sentiment d'impuissance généralisé démontre que la raison ne parvient pas à prendre sa juste place. Le sentiment d'impuissance peut servir de justification à l'inaction et recouvrir un refus d'assumer la vie et les difficultés rencontrées. Le sentiment d'impuissance découle de fausses impressions telles que :

- Il devrait être possible de tout contrôler ;
- Le manque de pouvoir équivaut à une paralysie dans l'action ;
- Le manque de maîtrise est un danger à la survie.

Pourtant, l'intervention logique démontre facilement que :

- Il est du domaine de l'impossible de parvenir à tout contrôler ;

- Le manque de pouvoir direct dans un domaine laisse libre cours à diverses possibilités d'interventions secondaires;
- La capacité de lâcher prise devant l'inévitable ou l'impossibilité d'agir permet de mieux composer avec les épreuves et les difficultés.

Denise C. est une femme de cinquante-quatre ans qui a toujours eu beaucoup de contrôle sur sa vie et son entourage. Elle a appris récemment que le cancer du sein duquel elle se croyait en rémission est en pleine récidive. Elle se sent totalement impuissante face à cette adversité. Elle est découragée et fortement tentée de baisser les bras, de cesser de lutter et de refuser les traitements offerts qui s'avéreront beaucoup plus agressifs que les premiers. Ce sentiment d'impuissance totale provoque parfois la colère, mais plus souvent le désespoir.

Il repose sur des pensées illogiques qui disent qu'il devrait être possible de tout contrôler, qu'il faut contrôler chaque élément pour avoir du pouvoir sur sa vie, et que le manque de pouvoir équivaut à une paralysie dans l'action. Lorsque sa logique refait enfin surface, elle accepte qu'elle ne peut tenter de contrôler cette maladie sans l'aide de la médecine et elle réalise que même si elle ne contrôle pas le cancer, sa vie continue quand même et qu'elle a du pouvoir dans les domaines autres que sa santé.

Nous voyons ainsi que l'absence de vision rationnelle donne l'opportunité aux éléments purulents contenus dans les abcès psychologiques de se développer et de perdurer alors qu'une intervention efficace de la logique permet aux personnes atteintes d'accepter de vider ces abcès et de les faire ainsi disparaître.

Les abcès psychologiques de Caroline R., Marcel D. et Laura F.

Tous les gens souffrant de cancers psychologiques ne développent pas obligatoirement des abcès psychiques, mais c'est la situation qui s'est produite chez Caroline R., Marcel D. et Laura F., ces trois personnes dont nous suivons les cas depuis le début du livre et qui, chacun à sa manière, ont vu les peurs, les peines, les doutes, la colère et divers sentiments négatifs s'entremêler, s'agglomérer et créer des infections psychologiques profondes.

Caroline R.

Retrouvons donc Caroline R., cette jeune entrepreneure de vingt-huit ans souffrant de dépendance affective et qui était persuadée que la vie ne valait pas la peine d'être vécue sans la présence de ses proches. Nous savons qu'elle avait conservé depuis toujours une fausse croyance-équation innée qui l'amenait à croire que *la solitude égale le vide*. Nous avons vu que la psychologie chirurgicale lui a permis, dans un premier temps, de se défaire de la fausse croyance qui constituait la tumeur-source de son cancer psychologique et d'éradiquer ensuite deux fausses croyances acquises qui découlaient de la première et lui faisaient voir la vie comme présentant des dangers constants d'abandon et un besoin intense de contrôler son environnement. Cependant, au fil des ans, la tumeur avait créé d'autres ravages. Par peur de perdre son mari et de se retrouver seule, elle s'est montrée de plus en plus jalouse, essayant de garder un certain contrôle sur ses allées et venues. De plus, elle a conservé bien vivant le souvenir de sa mère décédée depuis neuf ans en entretenant une peine très vivace. Parce qu'elle avait de plus en plus de difficulté à effectuer son travail, elle en est venue à douter de sa valeur et de sa compétence et elle entretient beaucoup de colère contre elle-même. Elle a l'impression de ne plus rien comprendre à ce qui lui arrive et se sent impuissante face à la situation. La jalousie, la peine, la peur, les doutes, la colère contre elle-même ainsi que les sentiments d'incompréhension et d'impuissance sont tous mélangés dans sa tête et ont formé un abcès psychologique qui a infecté son mode de fonctionnement et lui cause de nombreux problèmes.

Marcel D.

Souvenons-nous également de Marcel D., cet homme qui avait conservé la fausse croyance innée reliée au plaisir, croyance qui l'avait conduit à la toxicomanie. Grâce à la psychologie chirurgicale, j'ai pu l'aider à se défaire de sa fausse croyance-équation innée ainsi que de deux autres croyances acquises qu'il avait par la suite développées et qui reliaient la vie à l'insatisfaction et à la difficulté. Parmi les dommages collatéraux causés par le cancer psychologique dont il était atteint, Marcel avait développé un grave abcès psychologique dont le contenu était constitué principalement de colère contre la vie, contre les autres et contre lui-même, de doutes sur sa valeur et sa compétence, de peines reliées aux pertes subies, d'un jugement très négatif envers lui-même accompagné d'une forte peur du jugement d'autrui ainsi que de sentiments d'injustice et d'impuissance. Les symptômes reliés à l'abcès se traduisent par du ressentiment, de l'apitoiement sur soi et beaucoup d'agressivité. La frustration causée par le déplaisir et l'insatisfaction avait créé chez lui de la rancune envers la vie en général et envers les gens qu'il avait côtoyés. Même après avoir éradiqué les sources du cancer psychologique, de nombreux souvenirs négatifs et la douleur éprouvée à leur évocation revenaient régulièrement le hanter, encore et encore. Quand la pression engendrée par l'abcès devenait trop forte, elle s'extériorisait dans des mouvements de colère et d'agressivité qu'il se sentait incapable de contenir. L'abcès psychologique continuait de lui pourrir la vie.

Laura F.

Reprenons également le cas de Laura, cette femme dans la quarantaine qui avait conservé la fausse croyance innée reliée à l'omnipotence, une tumeur la poussant à croire qu'elle aurait dû être capable de résoudre tous les problèmes, et ce, en tout temps. À l'aide de la psychologie chirurgicale, j'ai pu l'aider à se défaire de cette fausse croyance et d'une croyance acquise associée et à programmer des croyances plus réalistes. Il demeurait cependant d'autres dommages découlant du cancer psychologique. Au fil des années, les fausses croyances-équations abritées par Laura l'avaient amenée à rechercher inconsciemment les problèmes et les complications et à développer des peurs irréalistes relativement aux erreurs, aux échecs, au calme et à la facilité. L'incapacité à atteindre la perfection avait alimenté des doutes sur sa valeur et sa compétence, ainsi que sur son droit au bonheur et à l'amour. Elle vivait de la colère contre la vie et contre elle-même, accompagnée d'un grand sentiment d'incompréhension et d'un profond sentiment d'impuissance. Tous ces éléments combinés avaient contribué à créer un abcès psychologique très douloureux qui lui causait souffrance et frustrations répétées et avec lequel elle refusait de vivre plus longtemps.

Voilà donc comment les cancers psychologiques ont contribué à créer, chez nos trois cas types, des abcès psychiques très pénibles. Nous verrons maintenant comment la psychologie chirurgicale intervient avec ces infections et le travail qu'elle nous a permis d'effectuer sur celles de Caroline, Marcel et Laura.

CHAPITRE 7

Chirurgie des abcès psychologiques

Les réactions aux abcès psychologiques telles que le ressentiment, la victimisation, l'agressivité, la haine, la révolte, la détresse ou l'autodestruction peuvent être traitées selon une approche thérapeutique généraliste, ce qui peut demander de nombreux mois ou années de travail pour un résultat qui s'avérera peut-être insatisfaisant. Elles peuvent aussi être éliminées de manière plus spécialisée par une intervention psychochirurgicale qui s'attaque directement aux abcès et donne de bons résultats en quelques semaines à peine, soit le temps d'une convalescence.

En présence d'un abcès physique très infecté, la médecine vise l'éradication complète et du foyer d'infection, et du vecteur qui l'a provoqué. Lorsque l'abcès est situé dans un endroit accessible, l'intervention envisagée est le plus souvent l'ablation par la chirurgie, accompagnée au besoin de soins postopératoires susceptibles d'éliminer définitivement toute trace d'infection ou d'inflammation. Lorsque l'abcès est localisé sur un organe difficile à atteindre (poumon, cerveau, foie), une thérapie antibiotique permet de détruire l'agent infectieux à la source de l'abcès sans avoir à pratiquer d'incision. Il ferait preuve d'insouciance le médecin qui recevrait semaine après semaine, pendant un an ou plus, un patient souffrant d'un abcès situé sur l'omoplate et qui le traiterait avec une application répétée d'un simple produit antiseptique. Au pire, l'abcès continuerait de se développer, envahirait les zones avoisinantes ou répandrait l'infection dans le corps via le système sanguin. Au mieux, l'abcès demeurerait circonscrit à la zone infectée, le patient apprenant à vivre avec la douleur et les écoulements intermittents.

En présence d'un abcès psychologique, la psychologie devrait elle aussi viser son éradication complète et rapide afin de limiter la propagation et la souffrance qui l'accompagne. Malheureusement, de nombreuses branches de la psychologie orientent leur travail vers une évacuation hebdomadaire du pus relié aux abcès psychologiques et les laissent se refermer partiellement entre les consultations, avec la douleur et les écoulements reliés à une plaie entrouverte.

Le processus psychochirurgical

ÉTAPE 1 : DÉTECTION DES ABCÈS

La première étape dans le soin à apporter aux abcès psychiques consiste à détecter et à reconnaître la présence des déchets émotifs qui perturbent le fonctionnement psychologique d'une personne. Les principaux symptômes qui affectent la personne atteinte sont du tourment, de la peine persistante, des peurs irrationnelles, du ressentiment, de l'apitoiement sur soi, ou un fort sentiment d'impuissance.

La sensation prédominante qui habite la personne aux prises avec un abcès émotif est une souffrance morale qui peut surgir par périodes, selon les événements et situations rencontrés, ou qui peut s'installer sur une base plus permanente et plonger la personne atteinte dans une affliction constante.

ÉTAPE 2 : IDENTIFICATION DES ABCÈS

Même s'ils n'ont pas d'existence physique, les abcès psychologiques possèdent néanmoins un lien direct avec le corps, puisqu'ils créent de l'anxiété et de l'angoisse qui sont ressenties physiquement, le plus souvent comme des pressions ou des boules au niveau de la gorge, de la poitrine, du cœur, du plexus solaire et du ventre, ce qui leur donne une forme de visibilité.

Jusqu'à maintenant, la psychologie ne nous a pas habitués à identifier les abcès psychologiques dans leur globalité. Elle s'en tient plutôt à essayer de détecter et de comprendre chacune des composantes individuelles constituant la matière purulente pour tenter ensuite d'intervenir sur elles. Ce type de traitement est souvent long et douloureux. Il ne permet pas toujours de vider et de drainer complètement le contenu des abcès psychologiques. Mais heureusement, le cerveau connaît exactement leur contenu et l'interaction entre leurs divers constituants. Lorsqu'il est doté d'outils efficaces, il a la capacité de vider très rapidement les abcès psychologiques et d'en extraire la source d'infection.

La psychologie chirurgicale utilise cette compétence du cerveau pour obtenir des résultats rapides et efficaces. Il n'est donc pas nécessaire de connaître chaque élément négatif qui a contribué au développement des abcès émotifs. Il suffit de savoir que, peu importe la source d'infection, tous les abcès émotifs possèdent le même contenu purulent : des peurs principales, de vieilles peines, de la colère contre les autres, de la colère contre soi, des doutes, ainsi que des sentiments d'incompréhension, d'injustice et d'impuissance auxquels peuvent s'ajouter de la culpabilité et de la honte.

ÉTAPE 3 : ÉRADICATION DES ABCÈS

Abcès physique

Tel que mentionné précédemment, lorsqu'un abcès est détecté et identifié dans le corps humain, la médecine intervient de manière à le vider de son contenu et à procéder à une désinfection complète le plus rapidement possible.

Abcès psychologique

Pour leur part, les abcès psychologiques sont toujours accessibles directement lorsqu'une personne ressent de la douleur morale, de l'anxiété ou de l'angoisse et qu'elle accepte de prendre conscience des émotions et sentiments qui l'habitent. Après avoir réalisé la présence d'un abcès et de la nocivité de son contenu et après avoir fait le choix conscient de s'en défaire définitivement, il reste à procéder à son évidement.

Les abcès et l'imagerie mentale

Pour parvenir à une guérison rapide des abcès psychologiques et à la disparition de la souffrance qui leur est associée, la psychologie chirurgicale fait encore appel à l'imagerie mentale.

Le procédé utilisé pour éradiquer les abcès psychiques est semblable à celui qui consiste à extraire les fausses croyances-équations qui causent les cancers psychologiques. Il existe cependant certaines différences, premièrement dans la cible visée et, ensuite, dans la formule d'imagerie utilisée. Comme nous l'avons vu précédemment, pour arrêter la propagation du cancer psychologique et l'éliminer à sa source, la psychologie chirurgicale travaille à débusquer et à déprogrammer les fausses croyances-équations qui constituent les tumeurs psychologiques malignes. Elle utilise une imagerie constituée principalement de mots et de phrases faisant surtout appel à l'esprit cognitif. Lorsque les cancers psychologiques ont contribué à créer des peurs irrationnelles autour desquelles se sont greffés des abcès psychiques, la psychologie chirurgicale intervient directement sur leur contenu. Elle vise l'extirpation des peurs irrationnelles et des déchets émotifs qui y sont associés et, pour ce faire, utilise une forme d'imagerie faisant plutôt appel au ressenti émotif et corporel.

Le corps comme toile de fond des émotions

Les émotions et les sentiments sont des abstractions, mais nous prenons conscience de leur présence du fait qu'ils se font sentir par diverses manifestations corporelles. Parmi celles-ci, nous retrouvons entre autres des serrements dans la gorge, l'estomac, l'abdomen ou le plexus solaire, des douleurs dans la nuque ou les épaules, des impressions d'explosion dans la poitrine, des sensations de mollesse dans les jambes ou encore une accélération de la pulsation cardiaque. Le corps est donc la toile de fond sur laquelle les émotions et les sentiments se projettent pour être perçus par l'esprit. De très nombreuses expressions populaires nous démontrent bien l'importance des différentes parties du corps dans l'énonciation de la peine, de la peur, de la joie, du découragement, du désespoir, du regret, du souci, du dépit ou de la colère.

- Avoir le cœur brisé.
- Avoir une boule dans la gorge.
- S'en donner à cœur joie.
- Porter un poids sur les épaules.
- Ressentir comme un coup de poignard en plein cœur.
- Avoir des points d'interrogation dans les yeux.
- Avoir un nœud à l'estomac.
- Avoir la peur au ventre.
- Se mettre martel en tête.
- S'arracher les cheveux.
- Avoir le cœur gros.
- S'en mordre les doigts.

Pour visualiser les émotions et les sentiments, il est important de percevoir la partie du corps dans laquelle ils se manifestent. Cette localisation permet de les cerner et de leur donner une dimension moins envahissante. En effet, une personne peut se sentir submergée par la peine, un peu comme si elle la recouvrait entièrement. Lorsqu'elle prend conscience que cette peine constitue un serrement dans la poitrine, elle réalise qu'elle se situe à l'intérieur d'elle et ne peut donc pas la submerger. L'émotion reprend déjà une dimension plus normale.

Les objets qui concrétisent

Lorsque la sensation reliée à une émotion ou à un sentiment est localisée dans le corps, il est important de lui donner une forme concrète. Ainsi, la peur peut être perçue comme une sensation de serrement au niveau de la gorge. Si nous demandons au cerveau de produire une image qui représente cette peur, il peut suggérer celle d'un étau, d'une main qui enserre ou d'une boule qui bloque la trachée, par exemple. La peur n'est alors plus une abstraction, elle devient visible ; c'est un étau, une main ou une boule. Lorsqu'une personne choisit de se défaire de cette image analogique, son cerveau met en branle un processus qui consiste à déconnecter les relais qui permettaient à cette peur d'exister. Nous n'avons pas besoin de lui expliquer tous les tenants et aboutissants qui ont conduit à la création de cette peur, il les connaît beaucoup mieux que nous. Lorsqu'on lui demande de nous débarrasser de cet étau, de cette main ou de cette boule, le cerveau sait qu'il doit déconnecter les composantes qui ont mené à la création de la peur qui leur est reliée et il s'exécute. Aucune machine, aussi perfectionnée soit-elle, ne peut indiquer l'endroit exact du cerveau où cette peur est emmagasinée ni quels sont les neurones, synapses et axones impliqués dans son développement, mais le cerveau, qui constitue un scanner extraordinaire et est un chirurgien chevronné, le sait exactement et peut procéder à l'élimination.

De par sa capacité de conceptualiser les abstractions psychologiques dans leur globalité, l'imagerie mentale permet donc une intervention d'ensemble sur une problématique donnée.

Couper les cordons psychologiques toxiques

On peut percevoir les cordons psychologiques comme étant des liens émotifs qui se tissent entre deux personnes et perdurent par les souvenirs. Ils peuvent être sains lorsque composés d'émotions positives ou toxiques lorsque remplis de peine, peurs, colère et autres sentiments négatifs. Un des exercices d'imagerie très efficaces utilisés par la psychologie chirurgicale est celui d'un cordon qui relie une personne à la source de son malaise. Ainsi, dans le cas de blessures d'enfance non cicatrisées, le fait, pour une personne, de visualiser un cordon qui la relie à ses parents indique à son cerveau qu'elle désire se défaire des peurs, peines, colères, doutes et autres éléments négatifs qui constituent un abcès et qui sont en lien avec la relation qu'elle a eue avec eux.

Prenons l'exemple de Michelle C., une femme de cinquante ans, quatrième d'une famille de cinq enfants et qui en a toujours voulu à son père, accusant celui-ci de l'avoir négligée, de ne l'avoir pas aimée et d'avoir toujours préféré ses deux frères aînés. Ces perceptions ont entraîné des difficultés dans ses relations amoureuses, ce qui a augmenté la peine, la colère et la rancœur qu'elle a envers les hommes et les doutes qu'elle a face à sa valeur. Toutes ces émotions négatives ont créé un abcès très douloureux qui se réveille constamment et la fait souffrir. En fait, elle a conservé avec son père un lien toxique qui la fait encore souffrir alors qu'elle a cinquante ans et que son père est décédé depuis plus de dix ans. À ma demande, elle visualise un cordon dont une extrémité est fixée à elle et l'autre extrémité à son père. Dès lors, son cerveau sait qu'il est question de la relation avec son père. Au moment où elle visualise son père, une grande colère fait surface, colère qu'elle ressent au niveau de son plexus solaire et qu'elle imagine sous la forme d'une boule noire entourée de piques. Elle prend ensuite conscience de tout le tort que cette colère lui a causé, que loin de l'avoir aidée à mieux vivre, elle lui a plutôt carrément saboté l'existence. Elle réalise que le fait de conserver cette colère ne lui apporte aucun bienfait et accepte de s'en défaire. Elle n'a pas besoin de revoir tous les souvenirs pénibles qui ont contribué à construire cette rancœur parce que son cerveau connaît tous les tenants et aboutissants qui ont mené à cette sensation de boule piquante dans le plexus solaire. Elle imagine simplement que cette boule se dirige vers le cordon, qu'elle y entre et qu'elle s'arrête à mi-chemin entre son père et elle.

Un des éléments négatifs qui constituent l'abcès psychologique de Michelle est maintenant dans le cordon. Elle procédera de la même manière pour chacun des éléments négatifs de l'abcès – peine, peurs, rancune, doutes, sentiments d'injustice et d'impuissance, etc. – qu'elle transférera tour à tour dans le cordon qui deviendra ainsi de plus en plus toxique. Lorsque l'évidement de l'abcès est terminé, elle prend conscience qu'elle ne veut plus jamais avoir ces éléments en elle. Je lui demande si elle veut se débarrasser définitivement du cordon et de son contenu, ce à quoi elle acquiesce avec certitude. Elle détache l'extrémité du cordon attachée à son père et l'extrémité fixée à elle, fait un nœud avec celles-ci et se visualise lançant le cordon dans un feu. Son cerveau sait exactement ce qui lui reste à faire. Il est impossible à Michelle de savoir quels ont été les milliers de neurones, d'axones et de synapses combinés pour parvenir à la création de ces éléments négatifs, mais son cerveau, lui, le sait. S'il a su construire ces émotions et sentiments, il sait aussi comment défaire les liens qui les constituent. Les souvenirs de Michelle ne s'effaceront pas, mais ils seront libérés des charges émotives qui les rendaient pénibles et laisseront place à d'autres souvenirs qui, eux, possèdent une charge positive.

L'exercice du cordon en psychologie chirurgicale

Un survol rapide du cas de Michelle C. nous a permis de voir l'impact d'un exercice d'imagerie comme celui du cordon toxique sur les abcès psychologiques. Voyons maintenant, à travers l'exemple de Christine B. et sa peur de souffrir, les explications plus complètes qui permettent à la psychologie chirurgicale d'utiliser le corps comme toile de fond, de faire appel à des objets qui concrétisent et d'utiliser un cordon pour permettre à une personne d'évider et de soigner un abcès psychologique.

Christine B. a trente ans, est hypersensible et craint constamment d'être blessée par les paroles et le jugement d'autrui. Elle vit une forte anxiété et a peur de tout, particulièrement de la souffrance. Elle souffre d'un abcès psychologique qui contient de nombreuses peurs, dont la plus importante est sans doute celle de souffrir, des anciennes peines, de la rancune envers sa famille, de la colère contre elle-même, des doutes, de la méfiance, et nombre d'autres éléments négatifs. Elle devra effectuer une intervention en profondeur visant à éliminer chacun de ces éléments, mais, pour mieux comprendre le processus d'éradication et pourquoi il n'est pas important d'en connaître tous les tenants et aboutissants, attachons-nous à sa peur principale qui est celle de souffrir. Elle a vécu plusieurs événements qui pourraient possiblement expliquer sa peur de la souffrance :

- *Elle est la troisième d'une famille de quatre enfants dans laquelle elle s'est souvent sentie seule, mise de côté, d'autant plus que son frère aîné avait tendance à la ridiculiser chaque fois qu'elle tentait de se mettre en valeur ;*

- *Parce qu'elle était d'un tempérament lunatique, son professeur de troisième année s'est moqué ouvertement de ses manques d'attention, et ce, durant toute l'année ;*
- *Comme elle souffrait d'un léger bégaiement, elle a été la cible de nombreuses moqueries et mise de côté par les enfants dans la cour de récréation ;*
- *À l'adolescence, elle a vécu quelques ruptures amoureuses qui lui ont chacune apporté de la peine, du tiraillement, de la détresse et même parfois l'envie de mourir ;*
- *Au niveau professionnel, elle a de la difficulté à obtenir des promotions, ce qui lui procure chaque fois de profondes déceptions.*

Ce ne sont là que quelques événements ou situations qui ont pu engendrer et entretenir la peur de souffrir vécue actuellement par Christine et il y en a certainement des dizaines d'autres. Si nous poussons plus loin le raisonnement, nous voyons que chaque événement ou situation a eu le pouvoir de créer, notamment :

- *la peur du ridicule ;*
- *la peur de faire confiance ;*
- *la peur du jugement ;*
- *la peur de s'exprimer et de prendre l'avant-scène ;*
- *la peine ;*
- *la déception ;*
- *un sentiment de solitude ;*
- *la mésestime de soi ;*

- *un sentiment d'impuissance ;*
- *des doutes quant à sa valeur ;*
- *des doutes relativement à ses capacités.*

Il est difficile de savoir lesquels des événements ou situations rencontrés ont créé les émotions et sentiments qui précèdent. Peut-être y ont-ils tous contribué et ont-ils aussi engendré de nouvelles peurs, des doutes, des incertitudes, de la honte et de la colère qui, chacun à leur manière, ont contribué à alimenter et à maintenir la peur de souffrir chez Christine *(voir tableau p. 171).*

Il est impossible pour Christine d'effacer les événements passés, mais elle peut se défaire des émotions et sentiments négatifs qu'elle en a conservés. Bien que son esprit conscient n'ait pas accès directement à tous les fils enchevêtrés qui, à la longue, ont constitué et renforcé la peur de souffrir, son cerveau a, pour sa part, emmagasiné toute l'information reliée à cette peur. Il sait exactement de quoi elle est constituée et connaît l'emplacement de toutes les données qu'il a stockées, à savoir les neurones et les synapses qui les relient. Il est donc capable de déprogrammer la peur dans sa globalité lorsqu'on lui donne des outils appropriés, et le but de la chirurgie psychologique est de lui permettre d'y parvenir en l'aidant à utiliser les instruments que sont l'esprit logique et l'imagerie mentale.

Lorsque Christine parvient à identifier cette peur dans sa globalité – « ici et maintenant, j'ai constamment peur de souffrir, d'être blessée » – elle n'a pas besoin de faire la liste des éléments qu'elle contient et des événements qui l'ont provoquée. Il lui faut simplement réaliser que :

DÉVELOPPEMENT ET MAINTIEN DE LA PEUR DE SOUFFRIR

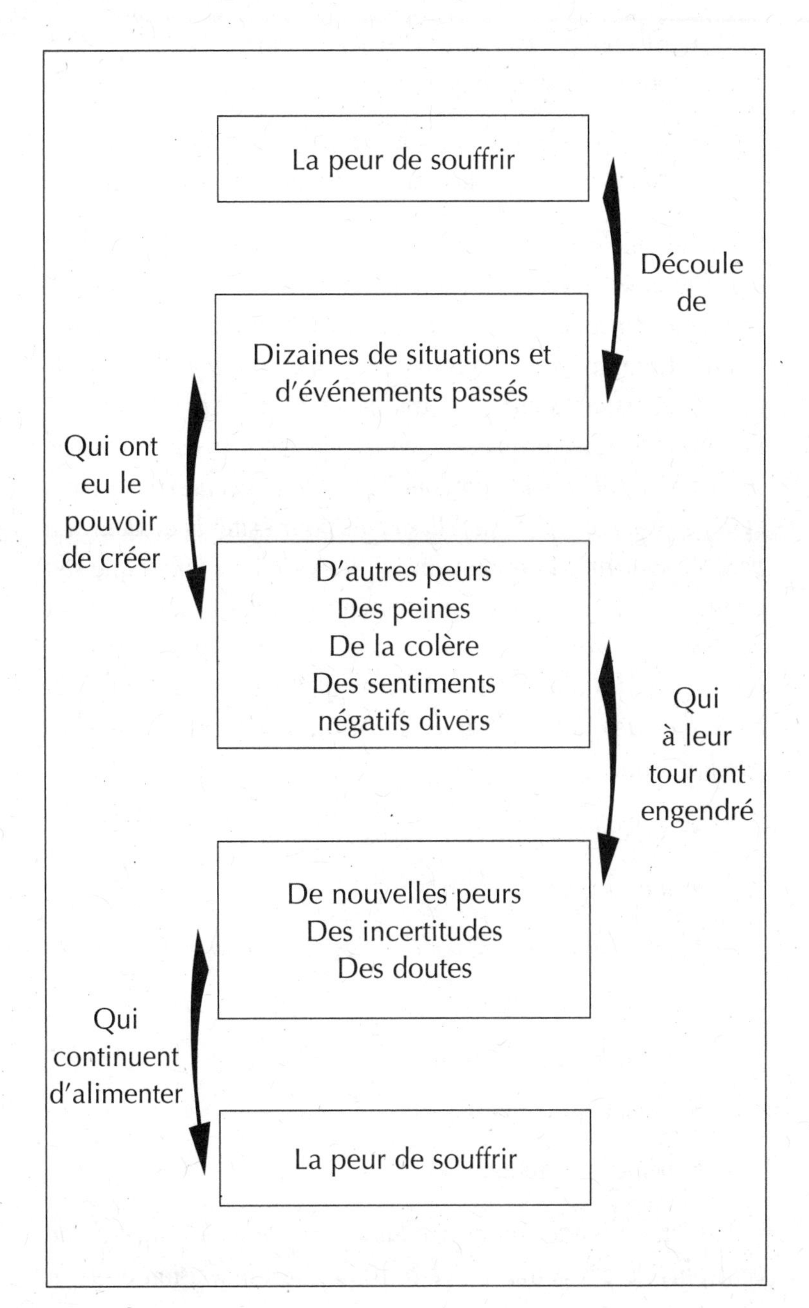

- *Cette peur ne l'a pas aidée à mieux vivre ;*
- *Elle n'a pas contribué à éviter la souffrance et l'a probablement même augmentée ;*
- *Qu'il n'y a pas eu souffrance chaque fois qu'elle a aimé, fait confiance et avancé dans la vie.*

Comme elle est persuadée que cette peur lui vient surtout des traitements reçus de son frère et de son professeur de troisième année, elle les visualise comme s'ils étaient à quelques mètres devant elle, imagine un cordon qui est d'abord fixé à elle et se fixe ensuite à eux en formant un Y. Elle identifie ensuite l'endroit de son corps dans lequel elle perçoit cette peur de souffrir. Elle dit la ressentir comme un étau qui enserre ses côtes et la pousse à se replier sur elle-même pour éviter la douleur. La peur de souffrir est dorénavant un étau – c'est l'image que son cerveau lui a suggérée et qui contient tous les éléments ayant contribué à la création de cette peur. Elle prend ensuite conscience des différents problèmes que cette peur-étau lui a causés et des dangers qu'ils constituent pour son équilibre psychologique :

- *difficulté à faire confiance ;*
- *indécision ;*
- *peur du rejet ;*
- *peur du ridicule ;*
- *peur de l'engagement ;*
- *tendance à la fuite ;*
- *peine récurrente.*

Cette prise de conscience lui permet de réaliser qu'elle ne veut plus de ces peurs, de cette peine, de l'indécision et de la méfiance, qu'elle voudrait simplement vivre plus normalement et que, pour y parvenir, elle doit se défaire définitivement de cette peur de souffrir. Elle s'imagine sortir cet étau de son corps en le dirigeant vers le cordon et en l'y faisant pénétrer. Le fait d'extraire ainsi la peur de souffrir laisse remonter, chez Christine les divers éléments contenus dans l'abcès – peine, autres peurs, colère, doutes, méfiance, etc. – dont elle se défait avec le même procédé. Elle détache ensuite le cordon toxique et s'imagine le placer dans une cuve de métal en fusion pour être certaine que l'étau soit détruit entièrement.

Durée d'une opération psychochirurgicale sur les abcès

Dans le cas des abcès émotifs, le processus chirurgical est terminé et l'abcès est vidé lorsque chaque constituante est confrontée selon la même approche logique.

Avec les enfants, la durée de l'intervention est très courte, car ils ont habituellement une seule peur profonde qui est de voir disparaître leurs parents et de se retrouver seuls, peur qui est associée directement à la fausse croyance-équation innée relative à la solitude. Cette peur primaire prend différents visages selon l'âge des enfants. De trois à cinq ans, elle se traduira souvent par la crainte des monstres, alors que les enfants plus âgés parleront plutôt de voleurs, du noir et d'autres phobies qui toutes recouvrent l'impression qu'il peut arriver un malheur lorsqu'ils ne sont pas à proximité immédiate de leurs parents. Les enfants qui souffrent de phobie scolaire et de troubles anxieux divers sont tous aux prises avec cette même peur. Pour obtenir des résultats probants et rapides avec les enfants, la psychologie chirurgicale utilise le dessin plutôt que l'imagerie mentale et doit viser en priorité l'élimination de la croyance-équation innée reliée à la solitude et par la suite, de la peur fondamentale qui y est associée. Elle bloque ainsi le développement d'un abcès psychologique avant qu'il s'envenime et étende plus loin ses ravages.

Lorsqu'un abcès psychologique s'est développé chez l'enfant et qu'il n'a pas été traité, il continue de progresser. L'adolescent ou le jeune adulte infecté risque de voir s'ajouter divers éléments psychologiques négatifs reliés au rejet, aux déplaisirs, aux échecs et à sa capacité d'assumer sa propre vie. Les peurs, les incertitudes, la peine, la colère, le sentiment d'impuissance risquent de s'accumuler. Cependant, comme le contenu de l'abcès est relativement récent, il n'a pas encore été refoulé profondément dans l'inconscient. Il remonte donc facilement au niveau de la conscience et permet une intervention brève et efficace dans laquelle on fera cette fois appel à l'imagerie mentale plutôt qu'au dessin.

Chez les adultes, la durée d'une intervention psychochirurgicale dépend de l'ampleur de l'abcès psychologique, ainsi que des mécanismes de défense que la personne a développés pour se protéger de la douleur associée aux peines et aux peurs contenues dans l'abcès.

Lorsque l'abcès crève, les émotions et sentiments négatifs divers veulent remonter au niveau de la conscience, mais l'adulte qui les a longtemps refoulés peut chercher à les fuir, à refuser de les affronter. Ce sont là des résistances qu'il faut contourner pour avoir un accès direct aux émotions et aux sentiments négatifs contenus dans l'abcès. La durée de l'opération peut alors en être prolongée. Lorsque l'adulte infecté est pleinement conscient de la présence de l'abcès et qu'il est décidé à l'éradiquer, l'intervention peut se faire dans un intervalle de temps très court. Dans le cas où les résistances sont très accentuées, l'énergie exigée est plus grande et il peut s'avérer nécessaire d'étendre l'intervention sur deux ou trois séances.

ÉTAPE 4 : SOINS POST-CHIRURGIE

Chez certaines personnes, le fait de prendre conscience des éléments contenus dans l'abcès, de les confronter à la logique et de faire le choix conscient de s'en défaire procure un soulagement immédiat et définitif de leur malaise. Ils peuvent dès lors recommencer à avancer et poursuivre leur route plus librement.

Si des abcès durent depuis longtemps et qu'ils sont très infectés, ils ont pu entraîner plusieurs problèmes associés tels le découragement, une certaine dépendance, de la mésestime de soi ou un sentiment d'incompétence. Même s'ils sont vidés de leur contenu principal, ces abcès ne se referment pas toujours immédiatement. Au fil des jours suivant l'intervention, la douleur peut demeurer présente, mais, lentement, sans même que la personne s'en rende réellement compte, elle s'estompe pour ensuite disparaître définitivement, un peu à l'image d'une grippe qu'on oublie complètement lorsqu'elle est terminée.

Parce qu'elle s'applique selon le même cheminement à toutes les peurs et à tous les déchets psychologiques, l'intervention psychochirurgicale peut paraître mécanique à première vue, mais elle ne l'est pas. Chaque personne est différente ; les causes qui ont mené aux diverses peurs sont elles aussi différentes. Toutefois, les pistes qui en assurent la prise de conscience, qui donnent le recul nécessaire pour bien les percevoir et qui permettent de les déloger sont les mêmes pour tous les patients. Il ne s'agit pas d'un procédé mécanique, mais plutôt d'une procédure à suivre, de la même manière qu'un médecin effectuera une chirurgie en suivant des étapes de base qui sont toujours les mêmes tout en s'ajustant aux possibles complications.

Il faut cependant savoir que la douleur provoquée par les abcès psychologiques a pu affaiblir la structure émotive globale, la rendant ainsi moins solide, plus instable. L'accumulation de déchets psychologiques a pu bloquer les artères qui permettent la circulation de la joie et du goût de vivre. Ce sont là des dommages collatéraux qui sont

PROCESSUS D'INTERVENTION SUR LES ABCÈS

ABCÈS	PHYSIQUE	PSYCHOLOGIQUE
Première étape	DÉTECTION *Symptômes :* tuméfaction, enflure, rougeur et possible fièvre. *Sensation :* douleur physique plus ou moins aiguë.	DÉTECTION *Symptômes :* anxiété, angoisse, tourment, ressentiment, peine intarissable, peurs irrationnelles, sentiment d'impuissance. *Sensation :* douleur morale plus ou moins aiguë.
Deuxième étape	IDENTIFICATION – Les abcès ne sont visibles à l'œil que sur la peau et dans la bouche. – L'imagerie médicale permet de détecter ceux qui se situent ailleurs dans le corps.	IDENTIFICATION – Les abcès psychologiques provoquent de l'anxiété et de l'angoisse qui sont ressenties le plus souvent comme des pressions ou des douleurs au niveau de la poitrine, du plexus solaire et du ventre.

PROCESSUS D'INTERVENTION SUR LES ABCÈS
(suite)

ABCÈS	PHYSIQUE	PSYCHOLOGIQUE
Troisième étape	ÉRADICATION *Chirurgie médicale :* Incision de l'abcès, extraction du pus, désinfection du site. *Instrument utilisé :* Le bistouri	ÉRADICATION *Chirurgie psychologique :* – Reconnaître la présence des émotions négatives accumulées. – Prendre conscience de leur nocivité. – Faire le choix conscient de s'en débarrasser définitivement. *Instruments utilisés :* L'esprit logique L'imagerie mentale
Quatrième étape	SOINS POST-CHIRURGIE *Si nécessaire :* – Drainage : pose d'une mèche absorbante pour permettre l'évidement complet. – Prise d'antibiotiques	SOINS POST-CHIRURGIE *Si nécessaire :* – Solidifier la structure émotive qui a pu être fortement ébranlée au fil des années.

associés à la présence d'abcès psychologiques, mais qui peuvent perdurer après l'intervention, d'où la nécessité d'intervenir au besoin sur la structure émotive globale à l'aide d'un autre procédé psychochirurgical que nous verrons immédiatement après avoir vérifié comment Caroline R., Marcel D. et Laura F. ont effectué l'évidement de leur abcès psychologique respectif.

Intervention psychochirurgicale sur les abcès psychologiques de Caroline R., Marcel D. et Laura F.

Caroline R.

Le fait, pour Caroline R., d'avoir éradiqué les fausses croyances-équations innées et acquises à la source de son cancer psychologique lui a apporté un soulagement et permis d'établir les bases d'une toute nouvelle confiance en elle-même. Elle continuait cependant à affronter des attaques de panique et à ressentir une grande souffrance morale. Elle vivait avec un enchevêtrement d'émotions et de sentiments négatifs accumulés constituant un abcès psychologique très douloureux: peur de perdre son mari, peur de perdre son père, doutes sur sa valeur et sa compétence, peine reliée au décès de sa mère, colère contre elle-même, peur de se retrouver seule dans les lieux publics, sentiment d'impuissance, etc. Elle a accepté de procéder à l'intervention visant à vider l'abcès, car, a-t-elle dit, elle n'en pouvait plus de souffrir autant.

- J'ai demandé à Caroline d'imaginer son père et sa mère comme s'ils étaient présents devant elle et de visualiser un cordon dont une extrémité était fixée à son ventre et l'autre extrémité adhérait à chacun de ses parents après avoir formé un « Y ». Dès l'instant où elle a fermé les yeux et visualisé sa mère, la peine qui l'habitait depuis son décès, neuf ans plus tôt, l'a envahie et les larmes ont commencé à couler abondamment.

- Questionnée à savoir si cette peine l'avait aidée à mieux vivre, elle a réalisé tout l'impact négatif qu'elle avait eu au cours des neuf années qui venaient de s'écouler : la détresse, les regrets, le désespoir, le sentiment d'injustice, etc.

- Elle a accepté de se défaire de cette peine parce que, même si elle lui avait, d'un certain côté, donné l'impression que sa mère était toujours vivante, elle n'en pouvait simplement plus d'avoir mal.
- C'est au niveau du cœur qu'elle ressentait une forte pression occasionnée par cette peine qu'elle voyait sous la forme d'un cœur brisé, zébré d'une profonde entaille. Elle a noté avec surprise que, lors des crises de panique, elle avait cette même impression que son cœur allait s'ouvrir, se déchirer.
- Elle a accepté de diriger ce cœur brisé et la peine qu'il représente vers le cordon et de les faire entrer à l'intérieur, effectuant ainsi un geste d'extraction.
- Elle a poursuivi le processus chirurgical en affrontant la jalousie qu'elle ressentait et en faisant le lien avec le fait qu'elle reposait directement sur la peur de perdre son mari et de se retrouver seule. Elle a ressenti à ce moment de violentes crampes dans l'abdomen et réalisé que c'est à cet endroit que se concentrait la peur. Elle a visualisé cette dernière sous la forme d'une grosse paire de pinces et, après avoir réalisé que cette peur était en train de détruire sa relation avec Carl, son mari, elle a accepté de la diriger dans le cordon, pour l'extraire d'elle et s'en défaire.
- Elle a effectué le même procédé avec les doutes et la colère qu'elle avait développés face à elle-même ainsi qu'avec les sentiments d'incompréhension et d'impuissance. Elle a perçu chacun d'eux comme de

lourdes boules de métal dans sa poitrine, a pris conscience de l'impact négatif qu'ils avaient sur sa vie et du poids qu'ils l'obligeaient à porter et a procédé à leur envoi dans le cordon.

- Lorsque l'exercice a été complété, elle percevait le cordon comme étant très étiré, pendant au centre entre ses parents et elle. Je lui ai demandé si elle aimerait ramener certains de ces éléments en elle avant de se défaire du cordon. Sa réponse a été instantanée : « Non ! Jamais ! »
- La réponse de Caroline démontre qu'elle est consciemment prête à effectuer une coupure définitive avec ces éléments toxiques du passé.
- Je lui ai demandé de détacher les extrémités du cordon et d'en faire un nœud.
- Pour s'en débarrasser définitivement, elle s'est imaginé lancer le cordon dans un feu de grève et le regarder brûler jusqu'à ce qu'il n'en reste que des cendres.
- Je lui ai demandé si elle voulait exprimer un message à sa mère avant de la laisser repartir. Ses larmes coulaient en lui disant qu'elle pouvait partir, qu'elle l'aimait et qu'elle ne l'oublierait jamais.
- Elle venait de faire la paix avec le décès de sa mère.

En deux heures de travail intense, l'abcès s'est vidé et la source d'infection a été éradiquée. Il lui fallait maintenant donner à la plaie le temps de se refermer et de cicatriser afin de ressentir un soulagement rapide et durable.

Marcel D.

Suite au travail que j'avais initialement effectué avec lui sur ses fausses croyances, Marcel a accepté que la vie ne peut pas être constituée uniquement de plaisir, mais qu'elle n'est pas non plus qu'insatisfaction et difficultés. Le travail cognitif a permis à son esprit rationnel de remettre les choses en juste perspective, mais les cinquante années de frustration qu'il a vécues avaient cependant laissé des traces émotives qui ne se sont pas effacées suite à l'intervention logique et qui constituent un abcès psychologique purulent – colère contre la vie, contre les autres et contre lui-même, rancune, doutes, peines reliées aux pertes subies, peur du jugement, sentiments d'injustice et d'impuissance, etc. Lorsque l'abcès se manifestait plus fortement, la douleur associée le poussait encore à la frustration, au ressentiment, à l'apitoiement sur soi et à l'agressivité, quatre éléments dont il souhaitait ardemment se débarrasser.

Les interventions sur les abcès psychologiques commencent le plus souvent par l'identification des peines et des peurs, mais comme, dans le cas de Marcel, la colère était omniprésente et surclassait tout le reste, nous nous sommes donc d'abord attaqués à cette colère et à ses différentes formes.

- Avec le support de la visualisation, il a d'abord imaginé qu'il avait devant lui un grand écran le montrant lorsqu'il était itinérant, dépendant de la drogue, appauvri et démuni. Il a imaginé également un cordon qui le reliait à cette image.
- Il a ensuite identifié les principales sources de sa colère : « Je suis en colère parce que... » :

- la vie est trop cruelle ;
- il y a plein de gens qui ne m'ont pas aidé ;
- les autres sont tellement plus chanceux que moi ;
- la vie est trop injuste ;
- j'ai perdu tout ce que j'avais ;
- tout pourrait être tellement différent aujourd'hui ;
- j'ai été vraiment trop nul de tomber à pieds joints dans la cocaïne.

- Il a situé chacune de ces sources de colère dans son corps. Il les ressentant toutes au niveau de son estomac.
- Il les a visualisées sous la forme de boules de feu, de gants de boxe et de bandes cloutées qu'il envoyait dans le cordon dès qu'il réalisait à quel point cette colère était inutile et même nuisible. À un moment, il a déclaré en riant : « Avec tous ces objets dans l'estomac, il n'est pas étonnant que j'aie tant de brûlements et que je fasse du reflux gastrique. »
- Le fait de rire ainsi dédramatisait sa colère et lui permettait de prendre un recul face à elle.
- Il s'est ensuite défait de l'intense sentiment d'injustice qui l'habitait depuis toujours et qui avait régulièrement alimenté son ressentiment. Il a localisé ce sentiment dans sa tête et l'a visualisé sous la forme d'un marteau de juge. Il a ri de nouveau : « C'est avec ce marteau-là que je m'assomme continuellement. » Il a réalisé ainsi les dommages que ce sentiment causait en lui. Il a imaginé que le marteau

glissait dans le cordon, l'extrayant ainsi de sa tête. Il a continué le travail avec sa peine et la peur du jugement qu'il a poussées dans le cordon d'abord sous la forme d'un camion accidenté – tiens, tiens, ce camion de transport dont il avait été si fier et qu'il avait perdu en raison de sa toxicomanie – puis sous celle d'un doigt accusateur.

- Ce premier nettoyage lui a permis d'accéder à ses doutes profonds relatifs à sa valeur et à sa compétence. Ces doutes prenaient l'image de gros cailloux très lourds se trouvant dans un sac à dos qu'il transportait. En confrontant les doutes à la réalité, il a réalisé qu'il n'était pas parfait, mais qu'il avait de nombreuses qualités et compétences et que, de ce fait, il n'avait pas à douter de sa valeur. Il a visualisé les cailloux se dirigeant vers le cordon et sortant ainsi de lui.
- Comme le sac à dos représente toute son expérience de vie, il conserve celle-ci intacte, mais il se libère ainsi de tous les doutes inutiles qu'il transportait.
- Il s'est ensuite imaginé détacher l'extrémité du cordon qui était lié à lui ainsi que celle reliée à l'image de sa déchéance et le lancer dans un immense feu de la Saint-Jean, fête qu'il avait toujours bien appréciée.

L'intervention terminée, Marcel a ouvert les yeux et il m'a soudain semblé plus grand. Ses épaules et sa tête étaient redressées et la courbure de son dos semblait s'être volatilisée. Lorsque je lui en ai fait la remarque, il m'a expliqué en souriant que c'était sans doute normal puisqu'il se sentait allégé de plusieurs dizaines de kilos.

Laura F.

Au fil des années, les fausses croyances-équations abritées par Laura l'avaient amenée à rechercher inconsciemment les problèmes et les complications et à développer des peurs irréalistes relativement aux erreurs, aux échecs, au calme et à la facilité. L'incapacité à atteindre la perfection avait alimenté des doutes sur sa valeur et sa compétence, ainsi que sur son droit au bonheur et à l'amour. Elle vivait de la colère contre la vie et contre elle-même, accompagnée d'un grand sentiment d'incompréhension et d'un profond sentiment d'impuissance. Tous ces éléments combinés avaient contribué à créer un abcès psychologique très douloureux qui lui causait souffrance et frustrations répétées et avec lequel elle refusait de vivre plus longtemps.

Après avoir éradiqué les tumeurs et métastases psychologiques qui l'incitaient à croire qu'elle aurait dû se montrer omnipotente et que la vie n'était qu'une succession ininterrompue de problèmes, Laura F. a révisé ses attentes face à elle-même, et son besoin de performance est passé d'absolu à souhaitable. Elle a remis les problèmes dans leur juste perspective et commence à profiter des périodes d'accalmie que la vie lui offre, même si elle préférerait qu'elles soient plus fréquentes. Cependant, les fausses croyances-équations sur l'omnipotence et les problèmes l'avaient amenée à développer des peurs irréalistes relativement à l'avenir, à la vie, à la souffrance, à l'échec et à la facilité, peurs qui demeuraient présentes et qui alimentaient des doutes sur sa valeur et sa compétence, ainsi que sur son droit au bonheur et à l'amour. Elle conservait également de la colère ainsi qu'un sentiment d'incompréhension et d'impuissance.

Elle souhaitait que sa vie devienne calme et facile, mais, comme elle savait qu'avec l'abcès psychologique qu'elle conservait un tel objectif serait difficilement atteignable, elle a accepté de procéder à l'intervention qui allait permettre de vider cet abcès.

- Ayant l'impression que sa vie avec un père alcoolique avait fortement contribué aux présents désordres, elle a visualisé son père et imaginé un cordon qui la reliait à lui.
- Elle a identifié d'abord ses différentes sources de colère, les a situées dans son corps – la poitrine, l'estomac, le plexus solaire et le ventre – et leur a accolé des images. Elle était en colère parce que :
  - Son père a préféré boire plutôt que de s'occuper de sa famille – douleur aux dents et image d'une bouteille de bière ;
  - Elle a dû défendre sa mère contre les accès de violence de son mari – brûlements dans la poitrine et image d'une balle de fusil ;
  - La vie n'est qu'une succession de problèmes – gargouillis dans le ventre et image d'une boîte à surprise ;
  - Elle est trop sensible – serrement dans la gorge et image d'un rond de cuisinière allumé ;
  - Elle n'arrive pas à s'affirmer – mollesse dans les jambes et image d'un paquet de chiffons ;
  - Elle ne se sent pas respectée – pression au niveau du cœur et image d'un paillasson.

- Parce qu'elle n'en pouvait plus de lutter et d'être constamment frustrée, elle a pris conscience de la nuisance que représentait sur sa vie le maintien de chacune de ces sources de colère et a accepté de s'en défaire en les envoyant dans le cordon via les images qui les représentaient.

- Le soulagement immédiat qu'elle a ressenti l'a encouragée à continuer le grand nettoyage. Elle a poursuivi avec l'extraction des peurs irréalistes du rejet, de l'avenir, de la vie et de la souffrance qui toutes étaient ressenties dans sa gorge sous la forme de grosses masses noires gluantes qu'elle a pris plaisir à expédier dans le cordon.

- Lorsque ce travail a été terminé, les doutes qu'elle entretenait sur sa compétence sont apparus clairement et elle les a visualisés dans sa tête sous la forme d'un haut-parleur qui répétait constamment: « Tu es incompétente. » Son esprit logique lui a fait voir rapidement l'inanité d'un tel doute. Elle m'a dit être très en colère contre cet instrument de torture et l'a poussé résolument dans le cordon.

- Elle a terminé le processus d'évidement de l'abcès en visualisant les sentiments d'injustice, d'incompréhension et d'impuissance sous la forme de trois boulets de métal se situant sur le dessus de sa tête. Lasse de porter tout ce poids, elle les a dirigés chacun leur tour dans le cordon.

- Lorsque je lui ai demandé si elle voulait se débarrasser définitivement de tout le contenu du cordon, elle a eu un moment d'hésitation. « Ce que je ressens est bizarre. Je ne veux plus jamais avoir à composer avec tous ces éléments toxiques, mais, parallèlement, je ressens de la tristesse et un peu de peur à l'idée de m'en débarrasser pour de bon. »

- L'hésitation dénotait une résistance psychologique qu'il me fallait identifier.
- « Tu vis depuis quarante ans avec ces éléments négatifs. As-tu l'impression qu'ils risquent de te manquer ? » Elle m'a répondu : « En effet, j'ai peur de me sentir vide par la suite. »
- Après lui avoir suggéré qu'elle pourrait ensuite visualiser des éléments positifs pour remplacer ceux dont elle allait se défaire, elle a immédiatement accepté la proposition, a imaginé détacher le cordon et le balancer dans le cratère d'un volcan. Elle a ajouté : « Cet abcès était un très grand problème avec lequel je devais composer tous les jours. À grand problème, grande solution ! »
- À ma suggestion, elle a ensuite imaginé un jardin qui se trouvait en elle et dans lequel elle a planté de nombreuses fleurs qui représentaient pour elle la douceur, la facilité, le calme et le bonheur et qui allaient s'enraciner et se répandre au fil des mois.

L'exemple de Caroline, Marcel et Laura montre le processus que j'ai suivi avec chacun pour leur permettre de se défaire des douloureux abcès psychologiques qu'ils abritaient. Nous avons ainsi pu voir que, même si les peurs, les sources de colère, les peines ainsi que les images utilisées présentaient certaines différences, le procédé a toujours été le même, ce qui rend l'intervention facilement applicable tant par des professionnels de la psychologie que par les personnes qui désirent soigner elles-mêmes leurs propres abcès psychologiques.

Maintenant que nous connaissons les problématiques que sont les cancers et les abcès psychologiques et que nous avons appris comment composer avec eux, nous apprendrons en quoi consistent l'insuffisance et les infarctus psychologiques, deux troubles majeurs qui découlent des problématiques précédentes et peuvent affaiblir et même détruire notre structure psychique.

Troisième partie

Les infarctus psychologiques

CHAPITRE 8

Le cœur psychologique

Le cœur psychologique est un ensemble d'éléments qui forment la structure psychique sur laquelle l'être humain peut s'appuyer pour avancer dans la vie. Il est composé par les émotions, les croyances, les certitudes, l'espoir, l'estime de soi, le goût du plaisir et l'intérêt pour la vie, et il s'appuie sur des valeurs telles que le respect, la confiance, la tolérance et la capacité d'aimer. La solidité de la structure psychologique est assurée par la présence de la logique, qui en équilibre les différents éléments, et de l'esprit rationnel, qui sert de modérateur des forces présentes en raison de sa connexion directe avec la réalité. La logique permet de tempérer la puissance des émotions, de confronter le réalisme des croyances, d'évaluer la nature des certitudes, de relativiser la confiance et d'estimer sa valeur personnelle à sa juste dimension. La structure psychologique d'une personne peut s'avérer solide et fonctionnelle lorsque chacune des composantes est bien développée et équilibrée par la logique, ou elle peut au contraire présenter des failles et de l'instabilité lorsque certains des éléments positifs sont absents et que la logique ne parvient pas à prendre sa juste place. Lorsque les cancers et les abcès psychologiques se propagent, ils ralentissent l'apport en joie, cet élément qui est essentiel à l'équilibre psychique.

Analogie entre le cœur physique et le cœur psychologique

Pour mieux comprendre le fonctionnement du cœur psychologique, il est intéressant d'effectuer un parallèle entre ce dernier, qui comprend les émotions et les artères de circulation émotives, et l'organe essentiel du corps humain qu'est le cœur physique, lequel assure et régularise la circulation du sang par les vaisseaux artériels et veineux.

Cœur physique

Le sang est un besoin essentiel de tous les tissus du corps humain. C'est lui qui transporte l'oxygène et les éléments nutritifs nécessaires à leur survie et qui effectue la collecte des déchets métaboliques comme le dioxyde de carbone ou gaz carbonique. Le cœur est la plaque tournante autour de laquelle s'articulent à la fois la circulation du sang et sa qualité. À travers le système veineux, le sang parvient au cœur, d'où il est envoyé dans les poumons pour être oxygéné et purifié, pour ensuite revenir vers le cœur qui le retourne dans l'organisme par le système artériel. Le tout s'effectue dans un mouvement continu et perpétuel.

Les artères coronaires peuvent être obstruées par des accumulations de plaques ou des caillots qui gênent le passage du sang et son apport au cœur. À la longue peuvent survenir des problèmes tels l'angine et l'insuffisance cardiaque, ainsi que des dommages majeurs comme l'infarctus du myocarde. Lorsque les artères sont bloquées, la chirurgie médicale procède à leur déblocage soit par l'angioplastie à ballonnet, qui permet la compression des plaques qui bloquent l'artère, soit par pontage ou contournement de la partie rétrécie ou obstruée de l'artère.

Cœur psychologique

La joie est un besoin essentiel à tous les éléments de la structure psychologique, parce que c'est elle qui détermine le bonheur de vivre et qui vient contrebalancer les peines et les peurs. Bien que n'ayant pas de structure concrète et visible, le cœur psychique constitue la plaque tournante autour de laquelle s'articule la circulation de la joie et du bonheur. La joie parvient au cœur psychologique qui la traduit en courage, volonté et désir de vivre pour ensuite les propulser vers les pensées, les comportements, les attitudes et l'image que l'on a de soi-même. Lorsque ces derniers éléments sont nourris positivement, ils créent du bonheur qui, lui, renouvelle la joie, le tout en un cycle continuel.

FONCTIONNEMENT DU CŒUR PSYCHOLOGIQUE

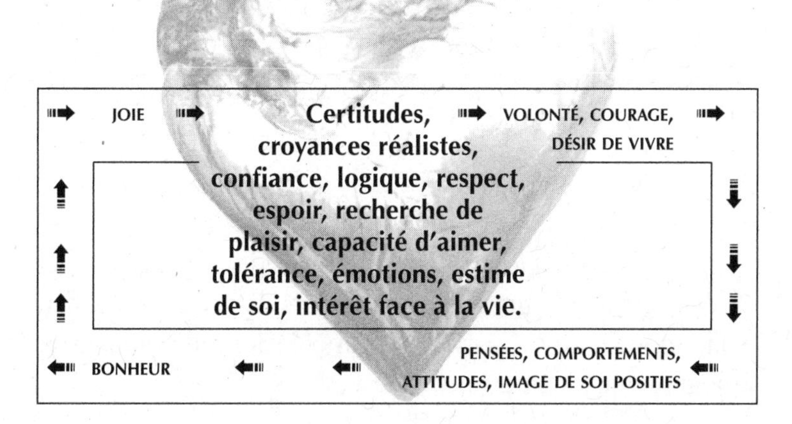

Lorsque des peurs et des peines bloquent les artères psychologiques que sont le goût et le plaisir de vivre, la circulation de la joie est entravée, ce qui peut occasionner de l'anxiété, de la démotivation et un affaissement général de la structure émotive. La circulation de la joie peut même être complètement interrompue par un blocage plus important constitué de la peur de vivre menant entre autres à des pensées, comportements et attitudes négatifs, à la tristesse et à la peine.

DYSFONCTIONNEMENT DU CŒUR PSYCHOLOGIQUE

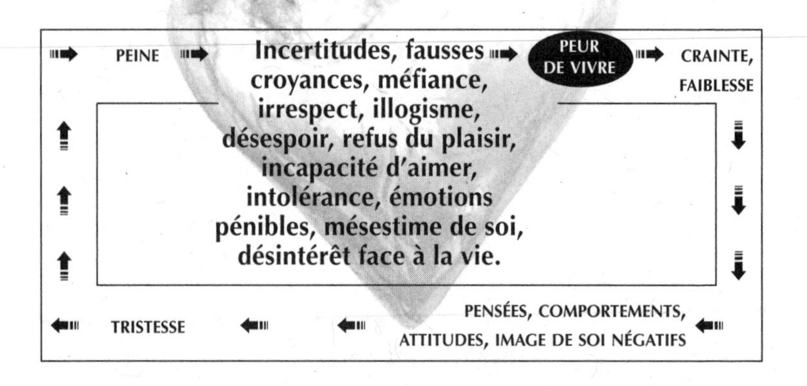

La psychologie chirurgicale procède aux déblocages émotifs grâce à l'élimination des peurs de vivre, de souffrir et de mourir, de même que par la création de ponts entre la logique et les émotions.

ANALOGIE ENTRE LE CŒUR PHYSIQUE ET LE CŒUR PSYCHOLOGIQUE

	LE CŒUR PHYSIQUE	**LE CŒUR PSYCHOLOGIQUE**
Besoins en alimentation	Sang	Joie
Rôle	Nourrir tous les organes et cellules du corps	Nourrir les pensées, les comportements, les attitudes et l'estime de soi
La circulation est assurée par :	Les artères et les veines	Le goût de vivre Le plaisir de vivre
La circulation est régularisée par :	La pression sanguine	La logique
Les artères de circulation peuvent être bloquées par :	Des plaques Des caillots	La peur de vivre, de souffrir et de mourir
Les blocages peuvent créer :	De l'angine De l'insuffisance cardiaque Des infarctus	Des problématiques d'anxiété Une sensation de vide intérieur Un manque d'intérêt pour la vie De la dépression Du stress post-traumatique
Les artères de circulation bloquées peuvent être réparées par :	Angioplastie ou compression des plaques et caillots Pontages artériels	Élimination des peurs accumulées Création de ponts entre la logique et les émotions

L'insuffisance

Dans le domaine médical, l'insuffisance désigne l'incapacité d'un organe à accomplir totalement sa fonction caractéristique. Du point de vue psychologique, l'insuffisance réfère à une absence partielle de certains éléments qui composent la structure psychique et en assurent la solidité. En disparaissant, ces éléments laissent une sensation de vide qui, elle, engendre une difficulté, sinon une incapacité de fonctionner adéquatement.

L'insuffisance cardiaque

Après une longue période pendant laquelle le cœur reçoit des quantités insuffisantes de sang et d'oxygène, il peut se développer une anomalie de la fonction cardiaque qui prend le nom d'insuffisance et qui rend le cœur incapable de fournir à l'organisme les performances nécessaires à un fonctionnement adéquat. La personne qui souffre d'insuffisance cardiaque peut ressentir, entre autres, des douleurs reliées à l'angine de poitrine, de l'essoufflement, de la fatigue et un manque d'énergie, une perte ou une variation de l'appétit, de l'arythmie ou des accélérations soudaines du rythme cardiaque ainsi qu'une diminution des capacités cognitives.

L'insuffisance psychologique

Lorsque les artères psychiques de circulation de la joie sont bloquées, le cœur psychologique perd lentement contact avec le bonheur, la confiance, les certitudes, l'estime de soi, l'espoir, les rêves et l'intérêt pour la vie. Ce sont toutes là des composantes qui procurent une énergie positive et poussent l'humain vers l'avant. Lorsqu'ils disparaissent, ces éléments laissent place à un grand vide qui est en partie comblé par la tristesse, la morosité, la méfiance, l'insécurité, les doutes, un sentiment d'impuissance et l'incapacité de s'investir. Le cœur psychologique commence alors à souffrir d'une insuffisance au niveau de la motivation, de la volonté et du courage.

La perte de contact avec les éléments positifs de la vie est ressentie comme un manque, une insuffisance, un néant, un trou noir, une forme de désert, de non-être, en fait, comme un vide intérieur. Malgré le désir de progresser éprouvé par la personne, l'insuffisance psychologique freine le désir de vivre et pousse à la stagnation ou à la régression. Tout comme la personne qui éprouve de l'insuffisance cardiaque, celle qui souffre d'insuffisance psychologique peut ressentir de la fatigue et un manque d'énergie, une perte ou une variation de l'appétit, ainsi que de l'arythmie ou des accélérations soudaines du rythme cardiaque. L'anxiété, l'angoisse et le découragement sont directement reliés à cette sensation d'insuffisance qui correspond au vide intérieur.

CHAPITRE 9

La sensation de vide intérieur

La notion de vide intérieur réfère à une sensation de n'avoir plus suffisamment d'éléments psychiques solides auxquels se raccrocher pour trouver la stabilité et la sécurité au niveau de la structure émotive. Lorsqu'une personne perd le contact avec les composantes de base que sont l'espoir, le respect de soi-même, la confiance en soi, dans les autres et dans la vie, l'estime personnelle, la capacité d'aimer et la certitude que la vie vaut la peine d'être vécue, elle souffre d'insuffisance psychologique et devient la proie d'une sensation de noirceur, de désespoir et de vide. Ce vide laissé par la disparition des éléments positifs sera comblé par leurs antithèses et c'est ainsi que s'installent la morosité, la tristesse, la méfiance, le doute, la mésestime de soi, l'incapacité de s'investir, le découragement et même le désespoir.

Le cerveau et la sensation de vide intérieur

Le rôle du cerveau étant de maintenir l'intégrité physique et l'équilibre psychologique d'un individu, il se base sur des repères constitués de connaissances et d'informations qui lui indiquent la route à suivre pour assurer sa survie. Lorsqu'il perd le contact avec les marques qui lui servent de références, il se trouve confronté au vide, craint pour la sécurité de l'individu et se positionne en situation d'urgence. Ainsi, au niveau physique, lorsqu'une personne se penche au-dessus d'un ravin, elle peut éprouver un fort vertige parce qu'il n'existe plus de repères solides auxquels elle pourrait se raccrocher si elle devait basculer dans le vide. Le cerveau ressent une forme de panique et se place instinctivement en situation de survie, car il se sent inapte à assurer la sécurité de la personne face à cette absence de moyens de rétention.

Au niveau psychologique, le manque de repères se produit lorsque la logique est incapable d'assumer son rôle de prise à la terre, de point de contact avec la réalité. Avec une insuffisance d'attaches solides au réel, la personne évolue dans un univers presque uniquement émotif, un peu comme si elle dérivait dans un monde parallèle, dans un grand vide. Le cerveau considère la situation comme une menace pour l'équilibre psychique, et l'instinct le pousse à remplir le vide. S'il ne possède plus suffisamment d'éléments positifs pour le combler, il laissera s'installer des éléments négatifs, le vide se transformant alors en trou noir.

DE LA PLÉNITUDE AU VIDE INTÉRIEUR

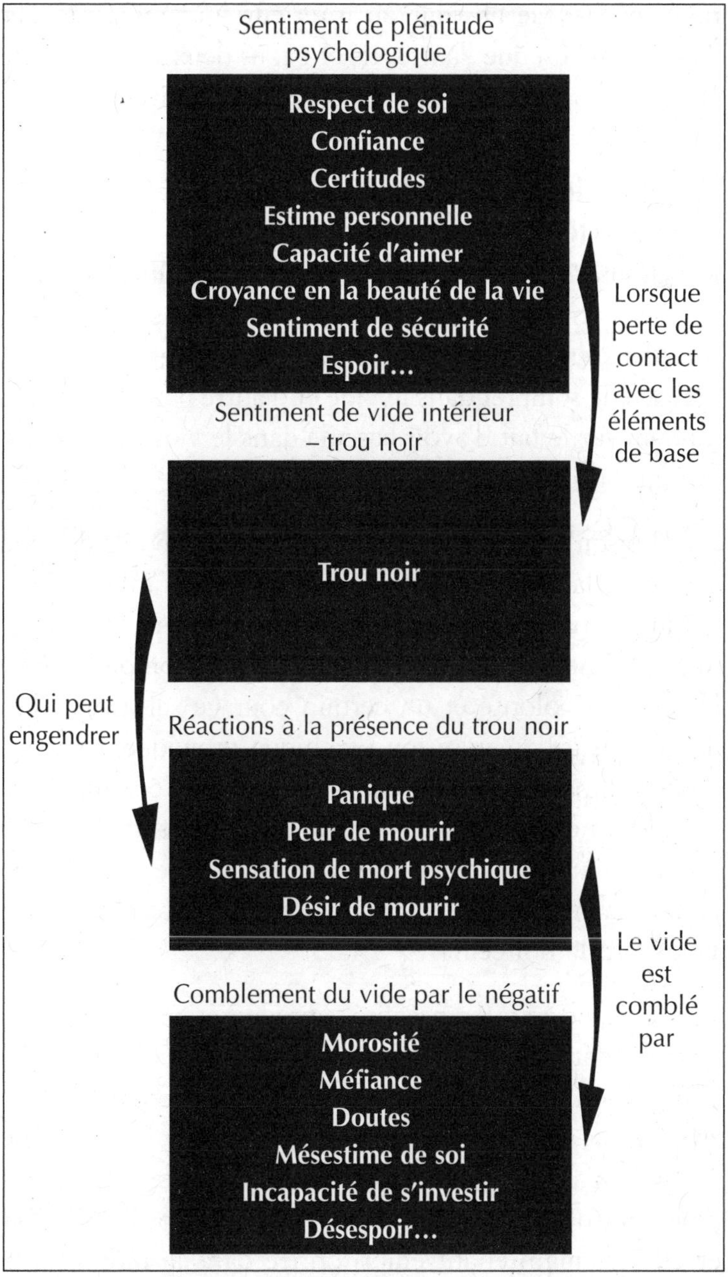

Sentiment de plénitude psychologique

Respect de soi
Confiance
Certitudes
Estime personnelle
Capacité d'aimer
Croyance en la beauté de la vie
Sentiment de sécurité
Espoir...

Lorsque perte de contact avec les éléments de base

Sentiment de vide intérieur – trou noir

Trou noir

Qui peut engendrer

Réactions à la présence du trou noir

Panique
Peur de mourir
Sensation de mort psychique
Désir de mourir

Le vide est comblé par

Comblement du vide par le négatif

Morosité
Méfiance
Doutes
Mésestime de soi
Incapacité de s'investir
Désespoir...

Pour le cerveau humain, le vide concret comme un ravin et le vide abstrait ou intérieur sont aussi réels et dangereux l'un que l'autre. Ils ont tous deux le pouvoir de créer de l'anxiété et d'éveiller l'instinct de survie.

Problématiques psychologiques reliées au vide intérieur

Les désordres psychologiques reliés à l'insuffisance psychique et donc à la sensation de vide intérieur se regroupent sous deux catégories: d'une part, ceux qui reposent sur la menace de sombrer dans le vide et d'autre part ceux qui se fondent sur le fait d'avoir basculé dans le vide et d'en être devenu prisonnier.

Lorsqu'une personne se retrouve aux abords du vide intérieur, la structure psychologique est ébranlée. Elle a perdu une partie des éléments qui en assuraient la solidité, mais elle ne s'est toutefois pas effondrée complètement. L'espoir, la volonté et un certain courage subsistent. Les dommages à l'organisation psychique provoquent cependant une instabilité qui peut faire craindre l'écroulement. La personne atteinte a encore le potentiel suffisant pour continuer à avancer, mais elle craint de le faire, de peur que l'affaissement complet se produise et qu'elle tombe dans le vide, dans la noirceur.

Lorsque cette éventualité se produit et que la personne bascule dans le vide intérieur, sa structure psychique s'écroule en même temps du fait que les composantes positives de la vie s'estompent et disparaissent. La personne atteinte n'a plus ni le courage ni la volonté nécessaires pour continuer à avancer. Elle est tombée dans le trou noir et elle est maintenant emprisonnée dans la morosité, la tristesse, la mésestime de soi, le découragement ou même le désespoir.

La vie aux abords du vide intérieur

Les personnes chez qui l'insuffisance psychologique a créé une anxiété généralisée, le trouble panique, les troubles obsessifs-compulsifs ou la phobie sociale, évoluent aux abords du vide et adoptent des comportements d'évitement destinés à les empêcher d'avancer pour ne pas risquer de basculer dans ce trou noir qu'elles anticipent.

L'anxiété généralisée

L'anxiété se traduit par une inquiétude face à des dangers réels ou appréhendés et, lorsqu'elle se généralise, elle touche tous les domaines de la vie. La personne ressent une peur constante, comme s'il allait obligatoirement survenir une menace à sa survie physique et psychologique risquant de la propulser dans la mort ou la folie. Parce que la vie lui fait très peur, elle est devenue incapable de lui faire confiance et, même si elle est encore capable d'avancer, elle est toujours en état d'extrême vigilance et ne parvient plus à se détendre. Le cœur psychologique subit un stress constant et est mis à rude épreuve.

Véronique V. est une femme hypersensible qui s'inquiète de tout et ne parvient jamais à relaxer complètement. Elle a constamment l'impression qu'il va arriver un malheur à ses enfants, qu'il y aura des problèmes au travail ou que des imprévus financiers vont grever le budget, et ce, même s'il n'existe aucune menace réelle. Elle anticipe les possibles malheurs pour tenter de les éviter, car elle a l'impression que s'ils devaient se produire, elle n'aurait pas la capacité morale de les affronter.

- *Elle n'est plus sûre de rien ;*
- *Elle a peur de la vie parce qu'elle ne lui fait pas confiance ;*
- *Elle ne se fait pas confiance parce qu'elle doute de sa capacité à affronter les difficultés ;*
- *Elle vit un profond sentiment d'insécurité.*

Véronique a perdu contact avec ses certitudes, la confiance en la vie, la confiance en elle-même ainsi qu'avec le sentiment de sécurité, quatre éléments constituant une base indispensable à la solidité de sa structure psychologique. Elle est confrontée à une impression de vide intérieur partiel dans lequel elle a très peur de basculer et qu'elle cherche à éviter à tout prix.

Le trouble panique

Le trouble panique se manifeste par des réactions d'effroi soudaines et violentes qui se produisent dans des moments où il n'existe aucun danger pouvant logiquement causer cette peur. Il est lié directement à la sensation de vide intérieur et au fait que le cerveau ne fait pas la différence entre le vide concret et le vide abstrait. La sensation de vide intérieur peut occasionner des vertiges auxquels le cerveau répond en positionnant le corps en état de survie. On constate alors une brusque montée d'adrénaline qui cause une augmentation des rythmes cardiaque et respiratoire. Les dérèglements subits que ressent alors la personne atteinte, tels des étourdissements, des douleurs à la poitrine, des tremblements, une sensation d'irréalité, la peur de perdre la maîtrise de soi, de devenir fou ou de mourir relèvent alors d'une forme de panique, mais la personne ne comprend pas ce qui lui arrive.

À trente et un ans, Mylène B., *infirmière en traumatologie, n'utilise plus les autoroutes, les ponts et les tunnels depuis qu'elle a ressenti un fort malaise au volant de sa voiture en revenant du travail. Sans avertissement, son cœur s'est mis à battre la chamade, elle a ressenti un étourdissement et elle a vécu une forte sensation d'engourdissement, comme si elle n'habitait plus réellement son corps. Ces crises se sont présentées à trois reprises et, chaque fois, elle a dû continuer son chemin malgré tout puisqu'elle se trouvait sur une voie surélevée et qu'il n'y avait pas de sortie à proximité. Un médecin consulté lui a mentionné qu'il s'agissait certainement d'attaques de panique et lui a recommandé la détente et des médicaments anxiolytiques. Elle craint les récidives et utilise dorénavant des routes secondaires qui lui offrent la possibilité de se ranger au besoin.*

Les attaques de panique se sont toutes produites alors qu'elle revenait chez elle après des quarts de travail très occupés. Elle vit seule, dans un appartement froid, qu'elle n'a pas envie de décorer, où elle s'ennuie fermement et dans lequel, sans se l'avouer ouvertement, elle n'a pas envie de rentrer. Outre son lieu de travail, les seuls endroits où elle aime se retrouver sont les bars, le gymnase, dans lequel elle se rend trois fois par semaine, et les centres commerciaux lorsqu'il y a foule, car chacun d'eux offre une bonne dose d'action. Sa vie au domicile présente un manque d'intérêt flagrant qui bloque la circulation de la joie. Toutes les heures qu'elle y passe la connectent à une sensation de vide, d'absence de plaisir et de bonheur. Sans qu'elle en ait conscience, son cerveau craint que ce vide ne la propulse dans la détresse et ne la fasse paniquer à la pensée de revenir chez elle.

Tant qu'elle roule sur des rues achalandées, son esprit est occupé par la circulation, les feux de signalisation ou les piétons et elle n'a pas vraiment le temps de penser à autre chose. Sur les autoroutes, les automatismes de conduite laissent amplement temps à son cerveau de penser. La panique ne provient donc pas directement du fait de rouler sur une autoroute, un pont ou dans un tunnel, mais bien d'un sentiment de vide appréhendé.

Le trouble obsessif-compulsif (toc)

La personne qui souffre de trouble obsessif-compulsif utilise des paroles et des gestes répétitifs pour se sécuriser face à l'anticipation d'un ou de dangers inexistants. Elle est presque constamment en mode de survie, et les rituels lui permettent de surnager, de ne pas s'écrouler dans le découragement ou le désespoir, en fait, dans le trou noir. Elle utilise un comportement compulsif pour se sentir vivante et pour fuir le vide qu'elle craint tant. Les gestes répétitifs répondent ainsi à un besoin incessant de se sécuriser. La personne sait que ses attitudes sont illogiques et anormales, mais, lorsque le besoin de sécurité se fait sentir, il devient obsessionnel, c'est-à-dire qu'elle ne peut penser à autre chose. La logique n'a plus de place : la peur du vide est la plus forte. La personne devient prisonnière d'un cercle vicieux : elle sait qu'il est anormal d'accomplir ces gestes pour tâcher de contrer son angoisse, mais elle devient plus anxieuse si elle ne les fait pas.

Michel S., un homme de trente-trois ans, est menacé de congédiement à son travail. On l'accuse d'être improductif et de perdre son temps. Michel se rend à la salle de toilette au moins deux à trois fois l'heure pour se laver les mains, opération qui lui demande cinq minutes à chaque fois. Il est incapable de contrôler cette pulsion. Michel est un perfectionniste qui a toujours recherché la performance, et ce, depuis qu'il est tout petit. Il a très bien réussi dans les sports et les études et s'est toujours préoccupé de son apparence et de sa santé. Il lui arrivait rarement de se détendre, attiré par tous les défis qui se présentaient. Il avait constamment besoin de bouger, ce qui l'empêchait de trop penser. Il détient un baccalauréat en génie informatique, un domaine qui lui semblait prometteur en termes de créativité et de défis. Il en est à son troisième emploi dans le domaine, toujours déçu de la routine et de l'ennui que ces affectations présentent. Il a l'impression que ses compétences sont sous-utilisées, que la performance est impossible à atteindre lorsqu'il n'y a pas de défis valables à relever et que, sans performance, il n'est rien.

Vers l'âge de vingt-cinq ans, il a vu un documentaire traitant de virus du sida, sujet qui l'a fasciné et auquel il s'est intéressé de plus en plus, voyant une analogie entre ces virus qui s'attaquent au corps humain et ceux qui infectent les systèmes informatiques. Établir des parallèles entre ces deux types de virus lui semblait un défi posé à son intelligence et il en avait bien besoin. Par les livres, les articles de revue et les recherches sur Internet, il a appris à connaître les microbes, les bactéries et les virus, leur développement, leur fonctionnement et leur mode de prolifération. Autant il adorait lire à leur sujet, autant il avait commencé à les craindre. Mais la fascination qu'exerçaient sur lui ces vecteurs de maladies était plus forte que la peur qu'ils lui inspiraient. Pour contrer cette peur, il a commencé un rituel de lavage de mains visant à le protéger. Au début, il le faisait une dizaine de fois par jour, lors d'occasions données et dans un délai de trente ou quarante secondes. Puis le rythme et la durée s'étaient mis à augmenter constamment, sauf pour de courts répits lorsqu'il avait commencé de nouveaux emplois.

Pour Michel, le manque d'action représente un sentiment de vide qu'il lui faut absolument combler.

L'intérêt simple qu'il a d'abord démontré pour les microbes, virus et bactéries est inconsciemment devenu une source d'action de par la lutte qu'il se sent obligé de mener pour se protéger. Lorsque Michel se brosse les mains durant cinq minutes, il ne lutte pas vraiment contre ses soi-disant ennemis, mais plutôt contre l'inertie qu'il associe à un sentiment de vide. « Je bouge, donc, je suis vivant. »

La phobie sociale

La phobie sociale est une peur incontrôlée qui rend une personne incapable de développer et de conserver des relations sociales et professionnelles satisfaisantes. Elle craint par-dessus tout le regard et le jugement d'autrui qui déclenchent chez elle la panique. Les symptômes peuvent être divers : gêne respiratoire, palpitations, tremblements de la voix, moiteur des mains, mollesse des jambes, resserrement thoracique, gorge et estomac noués, bouche sèche, rougissement et confusion dans les idées, trous de mémoire ou incapacité de regarder quelqu'un dans les yeux. Cette phobie incite les personnes atteintes au retrait social et à l'isolement.

En réalité, la personne qui souffre de phobie sociale ne veut pas avoir la confirmation, dans le regard d'autrui, de la vision qu'elle a d'elle-même : piètre valeur, incompétence, manque d'assurance et de confiance ainsi que de nombreux défauts et d'innombrables faiblesses. La phobie sociale repose sur un fort manque d'estime de soi et sert à cacher à autrui le vide intérieur ressenti par la personne atteinte.

Yvon I. est un homme de cinquante ans qui tente, autant que possible, d'éviter les sorties qui le mettent en contact avec les gens. Au travail, il limite les contacts sociaux et quand ceux-ci sont obligatoires, il a fortement tendance à rougir, à bafouiller et à devenir confus. Il a refusé des promotions qui l'auraient obligé à diriger des gens et à prendre la parole devant des groupes, car il a très peur du regard et du jugement d'autrui.

Son enfance s'est déroulée entre un père dépressif et une mère alcoolique et il n'a jamais eu confiance ni en lui-même, ni en ses capacités. Il s'accorde très peu de valeur. Son estime de soi a toujours été tributaire des jugements que les autres portaient à son égard. Marié, père de quatre enfants et grand-père depuis peu, il ressent même de la difficulté à affronter les réunions familiales depuis que s'y sont ajoutés les conjoints des enfants.

Yvon est malheureux de cette situation, car il voudrait tant être capable de se mettre en valeur, de rire avec les autres et d'avoir une vie sociale normale. Ce n'est pas faute d'avoir essayé, mais chaque tentative s'est conclue par l'échec et la fuite.

En fait, sa structure psychologique souffre d'insuffisance en ce qui touche l'estime personnelle, la confiance en soi, le sentiment de sécurité, et il a peur d'affronter ces vides.

La vie dans le vide intérieur

Les personnes dont la structure psychologique s'effondre complètement deviennent prisonnières du vide intérieur qui les habite. Elles ont perdu les repères qui leur permettaient de demeurer en contact avec la réalité quotidienne et n'ont plus d'accès direct aux forces vitales – plaisir, goût de vivre, certitudes, espoir, capacité de rêver, etc. – qui les rendaient auparavant capables d'avancer plus facilement dans la vie. Elles survivent, entourées par la morosité, la méfiance, le doute, la mésestime de soi, l'incapacité d'avancer et le découragement. Elles sont aux prises avec des désordres psychologiques plus considérables tels l'angoisse profonde, la dépression, l'épuisement professionnel et le stress post-traumatique, troubles qui, comme nous le verrons plus loin, représentent des infarctus massifs du cœur psychologique et qui peuvent le détruire.

L'angoisse

L'angoisse est une inquiétude profonde sans raison apparente, qui se traduit par une sensation de serrement de la poitrine, de difficulté de respirer et parfois même de paralysie. Il est important de faire la différence entre l'anxiété et l'angoisse. Dans l'anxiété, la menace appréhendée provient de l'extérieur, alors que dans l'angoisse, le sujet a l'impression que le danger se trouve à l'intérieur même de lui, à l'image d'une pieuvre qui étendrait ses tentacules et enserrerait ses organes.

Monique C., une jeune retraitée, a consulté plusieurs médecins pour ce qu'elle croit être un trouble cardiaque. Elle ressent régulièrement un serrement au niveau du cœur et de la poitrine qui lui donne l'impression qu'elle va mourir étouffée. Après qu'aucun des examens effectués n'eut démontré le moindre problème de santé physique, on lui a plutôt parlé des méfaits du stress et de l'angoisse et prescrit des médicaments antidépresseurs et anxiolytiques qui donnent peu de résultats puisque les crises d'angoisse persistent. Elle tente de se convaincre qu'il n'y a aucun danger, mais chaque nouveau serrement éveille la même peur de mourir.

Monique a eu une enfance sécurisante avec des parents aimants et responsables. Elle a connu une bonne réussite scolaire et a ensuite enseigné durant trente-six ans, dans une ambiance de travail qu'elle adorait. Ses deux fils, qui sont aujourd'hui adultes, lui ont donné deux petits-enfants qu'elle décrit comme absolument magnifiques et adorables, son seul regret étant qu'ils vivent à plus de sept cents kilomètres et qu'elle les voit trop peu souvent. Elle et son mari ont préparé soigneusement leur retraite, s'assurant un revenu confortable et prévoyant de nombreux voyages et activités. Malheureusement, l'angoisse qu'elle ressent constamment met un frein aux projets et l'organisation de toute activité spéciale lui demande une somme d'énergie qu'elle dit ne plus avoir. Un récent voyage les a menés en Italie – et particulièrement à Venise, cette ville qu'elle avait si longtemps rêvé de visiter –, mais elle a ressenti de forts malaises durant tout le périple dont elle est revenue totalement épuisée. Depuis son retour, les sensations d'étouffement se sont montrées plus constantes et s'y sont ajoutées des palpitations qui lui font maintenant craindre un possible infarctus.

Monique a eu une vie familiale, professionnelle et sociale bien remplie. Elle n'était pas du genre à se poser de grandes questions existentielles et vivait pleinement le bonheur au quotidien. Pour elle, la vie égalait action, *ce que son expérience avec ses enfants et ses élèves avait confirmé année après année. Ses fils se sont finalement éloignés, la retraite s'est présentée et... l'action a commencé à manquer. Elle a pris conscience que le nombre d'années qu'il lui restait à vivre n'était pas illimité, qu'elle avait vieilli et n'avait plus autant d'énergie qu'à vingt ans. Elle a pleinement réalisé que la mort l'attendrait au détour de la route, à plus ou moins long terme et elle se questionne sur la valeur qu'aura eue son passage sur terre. Elle a perdu ses certitudes, sa capacité de vivre l'instant présent, le goût de vivre qu'elle apparente désormais à une avancée vers la mort, ainsi que l'assurance que la vie vaut la peine d'être vécue. La disparition de ces éléments a créé un vide, une forme de trou noir qui l'environne et dans lequel elle a l'impression d'étouffer de plus en plus.*

La dépression

La personne en dépression aimerait continuer à vivre pleinement, mais sa volonté, son courage et sa force sont devenus insuffisants. Le cœur psychologique qui n'est plus alimenté adéquatement en joie ne parvient plus à nourrir ses rêves, ses désirs, son goût du plaisir et son intérêt pour la vie, toutes choses qui lui servaient de repères sur la route qu'elle suivait jusque-là et qui lui manquent désormais.

Elle s'enfonce et se sent plus bas que terre, comme si elle glissait dans le vide occasionné par l'insuffisance. Elle tente de s'agripper et de s'extraire du trou noir de différentes façons, mais elle retombe constamment. Les essais répétés lui demandent énormément d'énergie et elle se sent fatiguée, inapte et découragée. Lorsqu'elle commence à croire qu'elle ne sortira jamais de ce trou noir, de cet immense sentiment de vide et de solitude, elle lâche prise, cesse de lutter, et une partie du cœur psychologique se nécrose. C'est l'infarctus psychologique plus ou moins majeur. Le cœur ne répond plus.

L'existence de Marie-Christine B. est empreinte d'une profonde tristesse dont elle ne parvient pas à s'extraire. Elle est totalement démoralisée et ne trouve pas le courage pour s'occuper adéquatement de ses trois enfants. Elle passe la majeure partie de ses journées à dormir et compte sur son mari pour effectuer la plupart des tâches domestiques. Elle ne reconnaît plus la femme dynamique et responsable qu'elle était encore il y a un an à peine. Son médecin a diagnostiqué une dépression, lui a prescrit des médicaments antidépresseurs et, depuis deux mois, elle rencontre une intervenante sociale du Centre local de services communautaires. Elle se sent éloignée de son conjoint et de ses enfants, incapable de se rapprocher d'eux et prisonnière d'une sensation de noirceur qui l'environne en permanence.

Marie-Christine est une femme de trente ans dont l'enfance s'est déroulée en alternance entre la vie avec une mère monoparentale souffrant de troubles bipolaires et des séjours dans différentes familles d'accueil. Lorsqu'elle parle de cette époque, elle dit avoir eu l'impression de survivre plutôt que de vivre. À seize ans, elle a quitté l'école et travaillé dans des stations-services et des dépanneurs. Sa vie a changé lorsqu'elle a rencontré Cédric, un jeune travailleur de vingt ans, avec qui elle a eu un coup de foudre réciproque. Elle a donné naissance à son premier enfant à l'âge de vingt et un ans et deux autres ont suivi en quelques années. D'un commun accord, il a été décidé que le rôle de Marie-Christine serait celui de mère au foyer et elle s'en est trouvée très heureuse, car ses enfants n'auraient pas à subir les tiraillements qu'elle-même avait connus. Avec les trois grossesses, elle avait accumulé une vingtaine de kilos en trop, mais n'en prenait pas ombrage puisque, de toute manière, elle se sentait bien dans sa peau.

Depuis l'année précédente, alors que son fils cadet a commencé à fréquenter l'école à son tour, elle a commencé à trouver les journées longues et ennuyeuses. Elle aurait bien aimé retourner sur le marché du travail, mais puisqu'elle n'avait pas de diplôme et de qualifications, elle aurait été obligée d'accepter des emplois à temps partiel les soirs et les week-ends et il n'était absolument pas question pour elle de négliger ses enfants. Sans même s'en rendre compte, elle est devenue plus nerveuse, intolérante et irritable ; la patience, le plaisir de vivre, l'estime de soi, la confiance et la certitude que la vie vaut la peine d'être vécue se sont estompés, remplacés par la morosité, le doute, la méfiance et le désespoir.

Dans les faits, le vide intérieur de Marie-Christine était présent depuis longtemps et s'était simplement accentué au cours de la dernière année. La vie avec une mère bipolaire et les passages en famille d'accueil l'avaient empêchée de développer des repères solides et des balises stables. À qui pouvait-elle faire confiance ? De quoi pouvait-elle être sûre ? Comment pouvait-elle se sentir en sécurité ? Comment était-il possible de créer des liens solides et durables ? C'est ainsi que l'incertitude, la méfiance, l'insécurité et un sentiment d'impuissance avaient affaibli les bases de sa structure psychologique. Cependant, l'espoir l'avait toujours accompagnée et maintenue à flots, l'espoir de guérison pour sa mère, celui d'une vie meilleure, plus normale, plus stable, d'une vie sur laquelle elle aurait enfin du pouvoir.

Elle avait trouvé la stabilité et la sécurité avec Cédric, mais elle avait surtout découvert une raison d'être avec ses enfants, un sentiment d'être valable, utile et importante. Et… depuis un an, sa vie était redevenue vide. Ses enfants n'avaient plus autant besoin d'elle, elle se sentait trop incompétente pour trouver un emploi valorisant et, parce qu'elle se percevait grosse et laide, en était venue à croire que son conjoint trouverait certainement une femme plus belle et plus dynamique. Sa structure psychologique s'était effondrée, le trou noir s'était agrandi et elle y avait glissé, incapable de se retenir.

L'épuisement professionnel

Les impacts de l'épuisement professionnel sont très similaires à ceux de la dépression, mais ses causes sont reliées directement à la fatigue, au stress et à la pression émotive subis dans le milieu de travail. Le perfectionnisme, l'obligation de performance, l'importance de prouver sa compétence et son efficacité, l'adaptation à de nouvelles technologies et à des milieux de travail souvent instables incitent de nombreux employés à s'investir corps et âme dans leur carrière. Ils le font souvent au détriment de leur santé, de leur équilibre psychologique et de leur respect d'eux-mêmes. La fatigue accumulée, l'insuffisance de reconnaissance et la peur de l'échec sont parmi les éléments qui peuvent en venir à saper l'estime personnelle, la confiance en soi, l'intérêt au travail et à l'égard de la vie, ainsi que la sensation de plaisir. Il en découle une impression de vide intérieur dans laquelle la personne atteinte, ayant de moins en moins le cœur à l'ouvrage, se laisse glisser lentement. Lorsqu'elle s'entête à continuer le travail malgré l'insuffisance, elle risque de voir son cœur psychologique flancher et se retrouver en situation d'infarctus psychique, prisonnière d'un trou noir et dans l'incapacité totale d'effectuer ses tâches.

Pierre V. est un infirmier dans la quarantaine qui se retrouve en arrêt temporaire de travail depuis bientôt dix mois et ne peut voir quand il pourra reprendre le collier. Il a souvent travaillé seize heures par jour, plus de cinq jours par semaine et il avait l'impression que sa grande forme physique et sa bonne santé lui permettraient de toujours maintenir le rythme. Sans qu'il en prenne vraiment conscience, la fatigue a lentement pris place et tout a basculé un an plus tôt, alors qu'il s'est effondré en larmes devant un patient qui venait de mourir. Pourtant, son travail au département des soins intensifs l'avait habitué aux décès fréquents. Il a alors ressenti l'impression qu'un barrage venait de céder et que, submergé, il ne pouvait plus refaire surface. Des mois de repos et la prise d'antidépresseurs ne sont pas parvenus à lui redonner le goût de repartir de l'avant. Il paniquait à la simple pensée de retourner œuvrer auprès des malades.

Pierre est homosexuel et, depuis dix ans, il partage sa vie avec François qui est propriétaire d'un restaurant et qui a même offert à Pierre de le prendre comme associé afin qu'il n'ait plus à côtoyer quotidiennement la maladie. Cependant, la restauration n'a jamais présenté d'intérêt pour lui. Il s'est toujours senti à sa place et utile dans le milieu hospitalier et c'est là qu'il désire retourner dès que la panique aura cessé.

Il a eu une enfance heureuse dans un milieu aimant et sécurisant. Il était le cadet d'une famille de trois enfants et, même s'il y a d'abord eu quelques résistances, tous ont finalement accepté son orientation sexuelle. Il a accumulé les succès scolaires et sportifs et la réussite était, pour lui, monnaie courante. Il s'était toujours considéré comme privilégié et souhaitait faire partager à autrui tout cet amour reçu. Il possédait donc tous les éléments assurant une bonne solidité de sa structure psychologique – certitudes, sentiment de sécurité, intérêt pour la vie, confiance, estime de soi, capacité d'aimer et croyance en la beauté de la vie. Pour tous, il avait d'ailleurs toujours été l'image même de l'énergie et de la joie de vivre.

Et de l'énergie, Pierre en avait longtemps eu à revendre, mais le niveau de celle-ci avait diminué insidieusement et il n'avait pas tenu compte des signaux avertisseurs – sensibilité exacerbée, sommeil non réparateur, vigilance et concentration amoindries, etc. Il avait maintenu le rythme de travail qu'il avait toujours connu et, pour ce faire, il avait puisé dans les réserves d'énergie qu'il possédait jusqu'à ce que ces réserves soient complètement à sec. Le manque d'énergie – dont découlait une incapacité d'avancer – a alors entraîné la disparition de plusieurs certitudes, de son estime personnelle, du respect de lui-même, de la confiance en soi et de sa perception positive de la vie, d'où une sensation de vide intense. Ce vide a été comblé par la morosité, la mésestime de soi, un jugement défavorable envers lui-même, des doutes relatifs à sa compétence, de même qu'une peur de la vie. Tous ces éléments ont rempli le vide de perceptions négatives et ont constitué un trou noir duquel il ne sait plus comment s'extraire.

Le stress post-traumatique

Le stress post-traumatique est un état de détresse intense lié à un choc émotif grave et qui se traduit par une série de perturbations diverses. Il peut apparaître après qu'une personne a éprouvé une peur intense, de l'horreur ou un grand sentiment d'impuissance face à un événement dramatique qui a mis en danger sa vie, ou celle des siens, et son intégrité physique. Il en résulte un fort sentiment d'insécurité, une perte de ses certitudes et la sensation de ne plus avoir rien de solide à quoi se raccrocher. Les symptômes peuvent se manifester immédiatement après le traumatisme ou demeurer latents et apparaître brusquement des mois ou des années plus tard, alors qu'un élément très simple déclenche le stress sans avertissement préalable. À la suite du traumatisme, la personne atteinte a développé une grande peur de la vie, qui lui semble désormais remplie de menaces et porteuse de souffrances intolérables. Cette peur peut bloquer complètement les voies de circulation de la joie et le cœur psychique n'est plus alimenté. La structure émotive telle que décrite précédemment étant alors attaquée dans ses fondations, elle s'effondre et laisse la place à un grand vide intérieur.

À l'âge de dix-neuf ans, en rentrant chez elle après une fête entre amis, Véronique T. a été sauvagement battue et violée par deux hommes alors qu'elle marchait calmement sur une rue déserte. Ses agresseurs l'ont traînée dans un petit parc adjacent et elle a été totalement impuissante à se défendre. Sous l'impact des coups et des menaces, elle a cru qu'ils allaient la tuer et a senti la mort planer sur elle. L'approche d'un groupe de jeunes et bruyants fêtards a finalement poussé les agresseurs à fuir.

Suite à cette horrible expérience, Véronique n'arrivait pas à reprendre pied, et ce, malgré les soins reçus. Elle vivait un stress constant, sursautant au moindre bruit, craignant de sortir seule, incapable de se concentrer sur ses tâches d'étudiante, et ayant l'impression que son corps ne lui appartenait plus vraiment. Elle aurait voulu réagir et recommencer sa vie habituelle, mais elle en était incapable, évoluant dans une sensation de flottement, d'éloignement de la réalité. Plus personne ne reconnaissait la jeune femme vive, rieuse et fonceuse qu'elle avait été. Elle était devenue triste, repliée sur elle-même et la vie semblait avoir disparu de son regard.

Dans les faits, la structure psychologique de Véronique s'est complètement effondrée au moment du traumatisme. En l'espace d'un instant, l'impression de sécurité, la confiance, le respect ainsi que la croyance en la beauté de la vie et en la bonté des gens sont disparus. Elle a perdu contact avec ces éléments ayant constitué la base de sa solidité psychologique, la laissant sans repères et avec une intense sensation de vide qui a été rapidement comblé par la tristesse, la méfiance, un sentiment d'insécurité omniprésent et une peur de vivre envahissante. Elle est demeurée prisonnière du désespoir ressenti au moment du viol et victime de la perte de repères qui en a découlé.

Anxiété et insuffisance

Peu importe l'identité ou la gravité des problèmes anxieux rencontrés, les notions de vide et d'insuffisance sont toujours présentes. Nous devons retenir que la structure psychologique repose sur les certitudes, la confiance, le respect et l'estime de soi, le sentiment de sécurité, l'espoir et la capacité de rêver, la croyance en la beauté de la vie, le plaisir, le bonheur, la capacité d'aimer et le goût de vivre. La disparition d'un ou plusieurs de ces éléments crée une insuffisance et un vide plus ou moins grand dans la solidité de la structure et cette instabilité cause de l'inquiétude et, donc, de l'anxiété. Il est primordial de s'attaquer à ce vide pour retrouver un équilibre durable.

Le vide intérieur de Caroline R., Marcel D. et Laura F.

Depuis le début, nous suivons Caroline R., Marcel D. et Laura F. qui ont chacun soigné avec succès des tumeurs et des abcès psychologiques. Cependant, leurs problèmes ne sont pas tous réglés pour autant, car ces désordres avaient contribué à créer de l'insuffisance et donc une sensation de vide au niveau de leur structure psychologique, insuffisance et vide qui ne se sont pas résorbés avec les interventions psychochirurgicales précédentes.

Caroline R.

Nous savons que Caroline a soigné un cancer psychologique qui avait pris la forme d'une grande peur de la solitude et d'une dépendance affective ainsi qu'un abcès psychique très douloureux. Malheureusement, ces deux troubles avaient créé chez elle une absence de joie ayant entraîné une insuffisance au niveau du courage, de la volonté, de la confiance en soi et du désir de vivre, et donc, une intense sensation de vide intérieur qui ne s'est pas totalement résorbée avec les interventions psychochirurgicales précédentes. Caroline a l'impression inconsciente que d'avancer dans la vie risque de la confronter à de nouvelles pertes qui la feront basculer dans la folie, dans le néant, dans le non-être. Devant ce vide invisible, son cerveau refuse de la laisser avancer, tout comme il le ferait si elle se retrouvait au bord d'un précipice. La simple pensée de faire des pas en direction de ce vide potentiel engendre une panique réelle à laquelle son cerveau répond par la production d'une décharge d'adrénaline, entraînant, de ce fait, une série de réactions physiques désagréables dont elle ne comprend pas la provenance. Comme son cerveau conscient n'a aucune emprise sur ces invasions, elle en est venue à les craindre, développant une peur des attaques de panique qui la pousse à l'évitement dans plusieurs domaines et au repli sur soi. Son cœur psychologique est fortement amoché. Donc, même après avoir éradiqué les croyances-tumeurs responsables de son cancer psychologique et s'être défaite de la peur de perdre son mari qui alimentait l'abcès psychologique qu'est la jalousie, Caroline continue à ressentir la panique. La sensation de vide est programmée et elle ne pourra se déprogrammer seule, malgré tout ce que Caroline a appris et compris.

Marcel D.

Nous avons vu que Marcel a identifié, confronté et extrait la fausse croyance-équation relative au plaisir, tumeur ayant engendré un grave cancer psychologique qui l'avait conduit, entre autres, à la toxicomanie. Il a également dû évider et soigner un gros abcès psychologique se traduisant par un constant ressentiment, une forte peur du jugement ainsi que des doutes sur sa valeur et sa compétence. Malgré les progrès effectués grâce à ces démarches, Marcel continue de ressentir un grand vide intérieur. Le cancer et les abcès ont causé des dommages à sa structure psychologique, créant une insuffisance au niveau des certitudes, du respect de lui-même, du plaisir de vivre, de l'estime de soi, de la confiance, de la volonté, du courage et de l'espoir, tous des éléments essentiels à son équilibre. À la suite de ces différentes pertes, la noirceur s'est installée et la joie a cessé d'alimenter son cœur émotif. Grâce à la thérapie suivie quelques années auparavant relativement à sa toxicomanie, il a réussi à émerger de la noirceur et à reprendre pied dans la vie, mais il demeure très fragile. Même après six ans d'abstinence, il craint constamment de retomber dans le trou noir de la consommation abusive, ce qui l'empêche de recommencer à vivre pleinement.

Laura F.

Le traitement des fausses croyances-équations – qui l'avaient poussée jusque-là à une obligation de performance absolue et à rechercher inconsciemment les problèmes – a permis à Laura de développer une perception plus positive de la vie et de devenir beaucoup moins exigeante envers elle-même. D'autre part, le travail effectué sur la colère et les doutes qui l'habitaient l'a amenée à développer plus de calme et une meilleure estime de soi.

Les tumeurs éradiquées et l'abcès vidé de son contenu infectieux, il reste cependant à réparer les dommages causés antérieurement à la structure émotive de Laura. Il lui faut retrouver ses certitudes, le respect d'elle-même et l'estime personnelle, renouer contact avec l'espoir, le sentiment de sécurité, la confiance en soi et sa capacité de croire à nouveau en la beauté de la vie. La joie recommence à poindre à nouveau, mais certains blocages l'empêchent encore de circuler librement. Toutes les difficultés et souffrances rencontrées au cours de sa vie ont créé chez elle une peur de vivre qui ne s'est pas résorbée. Il lui reste à éliminer le sentiment de vide qui s'est créé en elle et qui continue de la faire souffrir.

Chacune des personnes que nous avons rencontrées dans le présent chapitre a dû réparer les dommages causés par l'insuffisance dans le cadre d'une intervention que nous verrons un peu plus loin et qui nous apprendra comment réparer un cœur qui n'a plus vraiment goût à la vie.

CHAPITRE 10

Les infarctus psychologiques

Un infarctus physique est une nécrose qui se produit lorsqu'il y a diminution ou interruption de l'irrigation d'un tissu, d'un organe ou d'une partie d'un organe. De ce fait, ce qui a été atteint devient inapte à effectuer pleinement son travail. L'infarctus psychologique, quant à lui, est une nécrose du courage, de l'espoir et de la volonté et il annihile la capacité de bien vivre.

L'infarctus physique

L'infarctus du myocarde se manifeste lorsqu'une partie du cœur n'est plus irriguée par le sang et qu'elle cesse par le fait même d'être oxygénée. La partie affectée perd sa capacité de contraction et cesse de participer au travail cardiaque. Elle se nécrose, meurt, et un tissu cicatriciel se forme dans la région atteinte. Selon l'étendue de ce tissu et son emplacement, la capacité de pompage du cœur est plus ou moins réduite. Lorsque le corps survit à l'infarctus, des dommages collatéraux permanents tels l'essoufflement à l'effort, l'arythmie, l'angine et l'insuffisance cardiaque peuvent survenir.

L'infarctus psychologique

L'infarctus psychologique est directement relié à la sensation de vide intérieur et se manifeste lorsque le cœur psychique n'est plus du tout alimenté en joie. Il est, par le fait même, coupé de la notion de plaisir. Il perd alors sa capacité de pousser la personne atteinte à aller de l'avant. Ce type d'infarctus peut créer des dommages dans un domaine de la vie – amoureux, familial, professionnel, social – ou affecter la structure émotive globale lorsque la zone atteinte est très étendue. Ainsi, la personne touchée par un infarctus psychologique partiel peut perdre espoir en ce qui concerne sa vie amoureuse, mais continuer de se sentir vivante avec ses enfants et dans le cadre de son travail. Celle qui est frappée par un infarctus massif voit tous les domaines de sa vie perturbés et risque de perdre l'espoir de bonheur, tant dans sa vie amoureuse que familiale, sociale et professionnelle. Les ravages créés par l'infarctus massif se traduisent le plus souvent par le désespoir, la dépression majeure, l'épuisement professionnel ou le stress post-traumatique aigu qui neutralisent la volonté et le désir de vivre.

Les signaux d'alerte

Physiques

Dans le corps physique, l'angine est un signal avant-coureur de problèmes cardiaques. Ce malaise se produit lorsque l'apport de sang oxygéné dans une région du muscle cardiaque ne suffit pas à la demande. L'angine est habituellement perçue comme un serrement, une oppression, une lourdeur ou une douleur dans la poitrine qui irradie souvent vers le cou, la mâchoire, le bras gauche et le dos. Elle se produit durant des périodes où le cœur a besoin de plus d'oxygène qu'il n'en reçoit et elle peut devenir chronique.

Psychologiques

Au niveau du cœur psychologique, le premier symptôme annonciateur de troubles est l'anxiété, une inquiétude qui se produit lorsque la joie, bloquée par la présence de fortes peurs, circule difficilement. L'anxiété est fréquemment ressentie comme une sensation de malaise corporel, et elle peut s'installer en permanence dans le fonctionnement psychologique.

Les blocages

Physiques

Les artères du corps humain peuvent subir un rétrécissement à cause de la formation de plaques ou athéromes qui ralentissent le passage du sang. Lorsque ces accumulations se produisent dans les artères coronaires, elles diminuent l'apport sanguin au cœur et peuvent occasionner un infarctus du myocarde et possiblement la mort. Les blocages coronariens peuvent être diagnostiqués et localisés par divers examens qui font intervenir l'imagerie médicale.

Psychologiques

Pour rendre plus visibles les artères qui permettent la circulation de la joie, nous pouvons les identifier comme étant le goût et le plaisir de vivre et imaginer qu'elles fonctionnent sur le même principe que les artères coronaires ; elles risquent de se bloquer et d'empêcher la joie de nourrir efficacement le cœur – la structure – psychologique. L'obstruction des artères de circulation psychologique est due à une accumulation de peurs qui laissent difficilement passer la joie, ce qui peut entraîner le découragement, la dépression et le désespoir, trois formes de mort psychique.

Alors que le cholestérol et les dépôts graisseux sont les principaux générateurs de plaques dans les artères physiques, les peurs de vivre, de souffrir et de mourir sont les facteurs prédominants dans la formation des blocages psychologiques.

La source des blocages psychologiques : la peur de vivre

Lorsqu'une personne ne se permet pas de vivre pleinement, elle évite probablement certains désagréments, mais elle diminue les sources de plaisir et de joie qui ornent l'existence.

La peur de vivre dérive d'abord de la peur d'affronter la souffrance qu'implique toute vie. Une deuxième raison de craindre la vie est qu'elle mène inexorablement à la mort, donc à une fin. La peur de vivre et ses deux peurs associées constituent la base des blocages qui empêchent la joie de circuler et de nourrir adéquatement le cœur psychique. Chacune des épreuves traversées, chaque année qui passe et laisse entrevoir l'approche de la vieillesse risquent d'augmenter cette peur de vivre qui prend ainsi de plus en plus de place dans la structure psychique.

Normalement, la logique devrait atténuer la force de ces émotions et les éliminer, puisque la raison constate que la vie comporte obligatoirement certaines souffrances.

Le fait de s'empêcher de vivre réellement n'élimine pas les sources d'affliction, risquant même d'en augmenter le nombre et l'intensité. De la même manière, la raison comprend que la mort est inéluctable, peu importe que la vie ait été pleine et agréable ou vide et douloureuse. Malheureusement, dans le cas où cette peur de vivre bloque l'accès de la joie au cœur psychologique, la raison ne peut intervenir efficacement, car cette peur ne demeure jamais suffisamment longtemps au niveau de la conscience pour être confrontée à la réalité, le domaine même de la logique.

Une personne peut fonctionner de façon relativement normale pendant un certain temps malgré la présence de ces peurs, mais, plus elles prennent de place, moins la joie a la capacité d'alimenter la structure psychologique. La personne devient victime d'une forme de nécrose, en raison de la disparition de l'espoir, des rêves, des certitudes, de la volonté, du plaisir, du goût de vivre, de l'estime de soi, de la confiance et ainsi de suite. En s'estompant, ces éléments laissent la place libre à une sensation de trou noir, de détresse intense qui peut conduire au désespoir, une forme d'infarctus psychique.

Les facteurs psychologiques aggravants

L'hypersensibilité

La sensibilité est la fonction par laquelle le système psychique perçoit et analyse les différents objets et phénomènes. Lorsqu'elle est poussée à un très haut degré, on dit qu'elle est extrême et on parle alors d'hypersensibilité. Chez les individus hypersensibles, les émotions et les sensations sont exacerbées : la joie, la peur et la peine s'avèrent souvent démesurées, plus grandes que nature et donc plus difficiles à affronter, particulièrement lorsqu'il s'agit d'émotions pénibles. Lorsqu'une personne ne parvient pas à gérer efficacement les peurs et la peine, elle peut se laisser submerger par elles, les laisser prendre toute la place dans son système psychique.

La fuite dans la rationalisation

Une autre réaction consiste à fuir les émotions engendrées par les événements ou les situations pénibles en les justifiant par des explications logiques, un mécanisme de défense psychologique appelé rationalisation, qui consiste à utiliser la logique pour éviter de vivre les émotions. Ce mécanisme permet de demeurer « dans sa tête » et de s'éloigner ainsi des émotions négatives engendrées par une épreuve. Par exemple, une personne endeuillée par la mort d'un proche semble ne ressentir aucune peine et répète constamment que c'est beaucoup mieux ainsi, parce que la souffrance de la personne était démesurée, qu'elle demandait des soins incessants, que sa mort est une délivrance pour elle et ses proches, et autres justifications de nature cérébrale. Ces arguments ont un fondement solide dans la réalité et d'en prendre conscience peut amoindrir la douleur reliée à la perte, mais, s'ils sont utilisés à outrance et qu'ils servent à éviter de ressentir les peurs et la peine reliées au deuil, ils deviennent une entrave : les émotions négatives ne sont pas évacuées, elles s'accumulent dans les artères psychiques qui permettent la circulation de la joie et elles contribuent à diminuer leur efficacité.

La fuite dans les modes compulsifs

Autre facteur psychologique aggravant, la compulsion est une force intérieure qui pousse une personne à accomplir, de manière répétitive, des gestes destinés à diminuer l'angoisse causée par ses peurs. Le mode compulsif le plus évident est le trouble obsessif-compulsif, mais d'autres modes compulsifs se profilent lorsqu'une personne est incapable de cesser l'abus de l'alcool, des drogues, du jeu ou du travail. L'utilisation abusive de substances ou la succession effrénée d'activités deviennent des outils pour endormir ou engourdir l'anxiété créée par les peurs.

Les modèles d'infarctus psychologiques

Reliés à l'hypersensibilité

Chez les personnes d'une grande sensibilité, le côté rationnel passe le plus souvent au second plan. Elles perçoivent le monde avec leurs cinq sens, mais, au lieu de simplement voir, entendre, sentir, toucher et goûter, elles filtrent à travers leurs émotions les sensations qui leur parviennent. Les plaisirs rencontrés leur apparaissent souvent comme magnifiques, alors que les désagréments leur semblent facilement inadmissibles et révoltants.

Les hypersensibles de tempérament extraverti utilisent souvent cette différence pour exprimer la force de leurs sentiments, notamment dans certains domaines artistiques. Les fortes émotions engendrées par leur hypersensibilité sont ainsi canalisées et cette émotivité accrue devient un plus dans leur existence. Les hypersensibles plus introvertis démontrent une certaine réserve dans l'expression de leurs émotions. La différence de perception qu'ils constatent chez eux peut les amener à croire qu'ils sont bizarres et anormaux, ce qui les pousse parfois à développer la peur du jugement, le repli sur soi et l'isolement. Comme leurs peurs et leurs peines sont souvent plus grandes que nature et qu'elles ne sont pas exprimées, elles prennent de plus en plus de place dans leur structure psychologique et entraînent dans leur sillage de nouvelles peurs, un mal-être grandissant, des doutes et des incertitudes, ainsi que de la méfiance face à soi, aux autres et à la vie en général. La disparition des éléments positifs rend l'existence triste et douloureuse, fait disparaître l'espoir de bonheur, sape la volonté et le courage et amoindrit ainsi l'intérêt pour la vie et l'envie d'avancer. Chez ces hypersensibles pour qui la vie en vient à égaler la souffrance, il y a de moins en moins d'intérêt à lutter et la peur de vivre s'amplifie jusqu'à bloquer complètement la circulation de la joie. Lorsque le cœur psychologique n'est plus alimenté, le découragement, le désespoir et la dépression majeure peuvent s'installer en maîtres et provoquer l'infarctus psychique, la fracture de la structure émotive.

Annie D. est une femme de trente ans, hypersensible et très attentive aux besoins d'autrui. Elle a étudié en intervention sociale et travaille dans un centre local de services communautaires (CLSC). Elle a déjà subi deux arrêts de travail dus à l'épuisement professionnel et se dirige à nouveau dans cette direction. Même si elle tente de lutter contre sa prédisposition à se laisser atteindre par les malheurs d'autrui, elle ne parvient pas à prendre réellement ses distances face à ceux-ci. Elle en est venue à douter fortement de sa compétence et voit la vie comme étant emplie de souffrances. La joie ne circule plus. Pourtant, lorsque sa logique réussit à prendre place, elle réalise que le travail qu'elle effectue apporte un certain soulagement à plusieurs personnes et qu'il est, de ce fait important, mais, malheureusement, sa logique est le plus souvent absente et elle se sent submergée par toute cette souffrance d'autrui qu'elle ne peut soulager complètement. Le courage et la volonté commencent à manquer, elle est émotivement épuisée et se sent lentement glisser à nouveau vers un trou noir.

Reliés à la rationalisation

Un bon exemple d'infarctus psychique relié à la rationalisation des émotions est celui de certains soldats qui se rendent dans les pays en guerre. Ils ont été programmés pour ne pas ressentir la peur inhérente au danger et pour ne pas se laisser atteindre par la peine devant la mort de collègues, de femmes et d'enfants. En fait, on leur a commandé de se mettre au service d'une cause qu'on leur a présentée comme bonne, de fournir tous les efforts nécessaires pour remplir les tâches y étant liées et de tenter de ne rien ressentir d'autre. Leur intervention repose sur leur certitude rationnelle de remplir leur devoir, de venir en aide à la population des pays envahis et de faire quelque chose d'important. Au fil des semaines et des mois, confrontés quotidiennement au danger et à la mort, n'ayant pas le droit moral de s'arrêter aux émotions négatives, ils apprennent à survivre dans un milieu hostile et menaçant. Comme on le leur a demandé, ils essaient de ne pas ressentir la peur et la peine qu'ils vivent quotidiennement et de s'en tenir à l'importance du rôle qu'ils jouent, mais ces sentiments demeurent bien présents dans leur inconscient où ils s'accumulent.

L'exemple d'Alexandre T., un soldat de l'armée canadienne dans la vingtaine, démontre bien comment la rationalisation à outrance peut engendrer un infarctus psychologique. Alexandre a vécu plusieurs épisodes de révolte durant son adolescence, mais il a finalement trouvé dans la vie militaire l'encadrement et la discipline dont il avait besoin pour aller de l'avant. Il s'engage dans les forces armées dans le but de servir son pays et de venir en aide aux populations de pays aux prises avec la tyrannie de leurs dirigeants. Il est déployé en Afghanistan et rentre au pays après une mission de neuf mois. Alors que la joie et le bonheur de retrouver ses proches et un milieu sécuritaire devraient le submerger, le retour est plutôt fortement teinté de tristesse et de remords. Durant des mois, il a vu la misère, la souffrance, le désespoir dans les yeux de plusieurs habitants, la haine dans les yeux de certains autres, des civils tués sans raison, des confrères soldats blessés ou déchiquetés par des bombes. Il a d'abord refusé d'assumer les émotions auxquelles le confrontaient ces situations en se répétant constamment les raisons pour lesquelles il s'était engagé à travailler là-bas. Cependant, durant les semaines qui ont précédé son retour, des questions ont commencé à émerger sur le sens réel de sa présence en ce pays, sans qu'il puisse les repousser. Les innombrables émotions refoulées durant des mois cherchaient à se faire jour, mais il refusait encore de les laisser monter à la surface. Il avait l'impression que s'il se permettait de ressentir, il deviendrait fou ou aurait peut-être même envie d'en finir avec une vie comportant tant d'absurdités. Il a été incapable de les affronter, mais la peur et la peine étaient bien présentes et bloquaient désormais la circulation de la joie. Son cœur émotif n'était plus alimenté adéquatement. En l'espace de quelques semaines, son goût de la vie a diminué, sans qu'il comprenne vraiment le sens de ce qui lui arrivait. Dans les mois qui ont suivi son retour, il s'est senti submergé par les émotions pénibles qui remontaient à la surface, alors que sa logique ne parvenait plus à justifier les actes posés et les dangers rencontrés. Par manque d'alimentation en joie, une partie de son cœur psychologique s'est nécrosée, victime d'un infarctus psychologique du nom de stress post-traumatique.

La prévention

Physique

L'infarctus physique peut souvent être prévenu lorsqu'une personne prend conscience des symptômes indiquant un rétrécissement des artères et que la situation est corrigée par un changement dans l'hygiène de vie, une médication appropriée ou une intervention chirurgicale qui rétablit une bonne circulation sanguine. Si ce malade refuse de voir les signes avant-coureurs ou qu'il est incapable de les appréhender, les blocages artériels le mèneront éventuellement à l'insuffisance cardiaque ou à un infarctus du myocarde.

Psychologique

Dans le domaine psychologique, la personne qui a conscience qu'elle est aux prises avec des émotions négatives non assumées peut mieux réagir contre les dangers d'infarctus psychique. Elle peut réaliser la gravité de la situation au moment où la joie se fait de moins en moins présente et où le plaisir de vivre s'amenuise. Un travail de reconnaissance et de confrontation chirurgicale de ces émotions permet alors de libérer les voies de circulation psychiques, et la joie peut de nouveau alimenter le cœur psychologique. Les personnes qui ont pris l'habitude de rationaliser leurs émotions à outrance ou qui ont été conditionnées à ne pas les ressentir sont plus à risque de subir un infarctus psychologique sans avoir pu le prévoir et de basculer, presque du jour au lendemain, dans le trou noir de la dépression majeure ou d'un stress post-traumatique aigu.

Le déblocage artériel

Physique

Lorsque les artères coronaires sont partiellement obstruées par une accumulation de plaques et présentent un danger pour le muscle cardiaque, la médecine privilégie le plus souvent une intervention désignée par le terme angioplastie. Elle se pratique par l'insertion d'un cathéter muni d'un ballonnet gonflable, qui est acheminé dans les artères principales à l'aide d'un type de radiographie appelé fluoroscopie. Lorsque la zone du blocage est atteinte, le ballonnet est gonflé ; il comprime la plaque et augmente ainsi l'espace disponible pour le passage du sang.

Lorsque l'intervention par angioplastie s'avère insuffisante, la médecine fait appel au pontage coronarien, une opération chirurgicale plus invasive qui consiste à contourner les portions artérielles rétrécies ou obstruées en les remplaçant par des sections saines prélevées sur les artères mammaires ou les veines des jambes. Les pontages peuvent toucher une seule ou plusieurs des artères coronaires. Lorsque les artères sont débloquées, le sang peut recommencer à circuler de manière fluide et alimenter correctement le cœur.

Psychologique

Lorsque les artères de circulation psychologiques – goût et plaisir de vivre – sont partiellement obstruées par les peurs de vivre, de souffrir ou de mourir, la psychologie chirurgicale privilégie l'élimination directe de ces peurs ; elle ne cherche pas à connaître les dizaines ou les centaines d'événements, de situations, de perturbations ou de mini-traumatismes qui ont conduit au blocage.

L'opération psychologique débute par une prise de conscience de la présence de ces peurs, par l'importance de les reconnaître comme siennes et par l'obligation de les regarder en face :

- Ai-je peur de souffrir ?
- Ai-je peur de mourir ?
- Ai-je peur de vivre ?

La réponse à la question touchant la peur de vivre est souvent celle qui est la plus ardue à cerner, car elle est la plus irrationnelle et la plus inconsciente des trois. Il peut être difficile pour un adulte de s'avouer qu'il a peur de la vie. Mais, aussi douloureuse qu'elle soit, la reconnaissance de cette peur fondamentale est essentielle à la poursuite du déblocage. Une question plus délicate peut permettre de mieux l'apprivoiser :

- N'ai-je pas un tout petit peu peur de vivre ?
- Et si j'ai un tout petit peu peur de vivre, quelle en est la cause ?
    - Parce que la vie comporte beaucoup de difficultés ?
    - Parce que la vie apporte des épreuves et des souffrances ?
    - Parce que la vie mène à la mort ?
    - Parce que je me sens mal outillé pour vivre ?

Ces questions permettent à la peur de vivre de remonter au niveau de la conscience où elle devient accessible à l'esprit rationnel. Pourquoi, quand, et comment elle s'est installée demeure très secondaire. Le point majeur est qu'elle est là et qu'il faut s'en occuper. L'intervention psychochirurgicale se poursuit avec la médiation de la logique – notre premier instrument d'intervention – qui permet de :

- réaliser que la vie apporte des difficultés et de la souffrance, mais qu'elle n'est pas que difficultés et souffrance : « La vie m'a-t-elle parfois apporté du bonheur et des beaux moments ? » ;
- prendre conscience de sa capacité à affronter la vie et ses difficultés : « J'ai un certain nombre de forces, de qualités qui me donnent à tout le moins un minimum de compétences pour vivre. » ;
- dissiper le sentiment d'impuissance : « J'ai du pouvoir dans plusieurs domaines de ma vie. » ;
- se donner le droit à la vie : « J'ai le droit de vivre, comme tout le monde. » ;
- se donner le droit au bonheur : « J'ai le droit au bonheur parce que je suis une bonne personne. » ;
- accepter la mort comme étant une finalité incontournable, mais admettre qu'entre maintenant et la fin, il y a un espace de temps à vivre, et, tant qu'à devoir le vivre, pourquoi ne pas profiter pleinement de cet espace-temps ? « Je mourrai, un jour, mais pourquoi ne pas profiter de la vie d'ici là ? ».

Lorsque la prise de conscience de la présence de ces peurs et de leur incongruité est effectuée, le travail d'extraction se poursuit avec un exercice d'imagerie tel le modèle d'intervention chirurgicale basé sur un cordon et présenté plus tôt, dans le chapitre traitant de la chirurgie des abcès psychologiques – identifier l'endroit du corps où est ressentie cette peur de vivre, lui accoler une image et faire un choix conscient de s'en défaire définitivement.

Quand l'accumulation de peurs dure depuis longtemps et que celles-ci sont trop fortement ancrées, il est possible que les voies de circulation de la joie soient complètement bloquées et que l'intervention sur la peur de vivre s'avère insuffisante pour permettre une libre circulation de la joie.

À cinquante-deux ans, Nathalie P. ne parvient pas à retrouver un réel goût de vivre, et ce, malgré des années de thérapies et de médications diverses visant à contrer une dépression avec laquelle elle doit composer depuis plus de vingt ans. Elle n'a jamais eu l'occasion de confronter les trois fausses croyances innées relatives à la vie – solitude, plaisir et omnipotence – et en a acquis plusieurs nouvelles reliées à l'insatisfaction, la déception, la difficulté, l'injustice et la souffrance que représente l'existence. Ces fausses convictions ont engendré chez elle des peurs, des peines, des doutes, de la colère, des regrets, de la culpabilité et de la honte, émotions et réactions négatives sur lesquelles elle a travaillé en thérapie, mais qui ne sont jamais disparues complètement.

Des interventions psychochirurgicales lui ont finalement permis de confronter les fausses croyances-équations relatives à la vie et de vider l'abcès psychologique de son contenu. La sensation de mal-être et le découragement se sont estompés et elle perçoit sa vie passée avec moins de rancœur. Cependant, elle ne parvient pas à repartir de l'avant, à recommencer à vivre pleinement. Elle dit ne pas se sentir l'énergie et le courage nécessaires pour tout recommencer.

De par son état dépressif, Nathalie a vécu depuis une vingtaine d'années dans une forme de vide, de trou noir. Les interventions en psychologie chirurgicale ont permis d'extraire et de corriger les problématiques qui ont mené à la dépression, mais la sensation de vide demeure. La vie ne lui apparaît plus aussi effrayante, mais il lui manque la joie et les repères nécessaires pour avancer. Il lui reste à réparer les dommages causés par l'infarctus psychologique afin de retrouver vraiment goût à la vie.

Dans les cas comme celui de Nathalie, la psychologie chirurgicale fait appel à une forme de pontage psychique, un type d'intervention permettant de contourner les blocages et de rétablir la circulation de la joie. Ce travail répare également les dommages globaux causés à la structure psychologiques et redonne à la personne la possibilité d'utiliser à nouveau ses capacités de discernement, d'analyse et de rationalisation.

Survivre à l'infarctus

Physique

Lorsqu'un malade survit à un infarctus du myocarde, son cerveau doit ajuster et parfois modifier le réseau de circulation sanguine dans son cœur en utilisant les réseaux restants et en en créant de nouveaux. S'il parvient à rétablir une bonne circulation, la personne survit. La reconstruction peut demander un certain temps. L'individu atteint n'a pas conscience des modifications qui s'opèrent, mais, plus ou moins rapidement, il réalise que les capacités perdues reviennent et qu'il peut recommencer à vivre à peu près normalement. Bien sûr, il devra sans doute modifier certaines habitudes touchant son mode de vie et son niveau de stress, mais le fait d'avoir frôlé la mort lui donnera probablement une nouvelle perception de la vie et de l'importance d'en prendre soin.

Psychologique

Lorsque la structure psychologique est réparée, le patient peut recommencer lentement à fonctionner plus normalement, alors que, sans qu'il en ait conscience, son cerveau rétablit peu à peu le réseau de liens qui permettront à la joie de circuler à nouveau et d'alimenter efficacement le système psychique. Il devra changer certaines habitudes et perceptions, mais le fait d'avoir frôlé la mort psychologique l'aidera sans doute à réévaluer ses priorités et à modifier certains comportements. Peu à peu, il réalisera qu'il s'est extrait du trou noir et qu'il a recommencé à vivre.

CHAPITRE 11

Réparer un cœur qui n'a plus goût à la vie

Parce que l'insuffisance psychologique est due à une mauvaise alimentation en joie, la psychologie chirurgicale privilégie le nettoyage des artères psychiques – le goût et le plaisir de vivre – en visant l'élimination des blocages constitués par la peur de la vie, ce qui permet à la joie de circuler à nouveau. Cependant, lorsque la sensation de vide intérieur est installée, elle est souvent difficile à déprogrammer et la structure psychique risque de demeurer instable ou affaissée, même après un déblocage des artères psychologiques. « Je n'ai plus peur de la vie, mais j'ai encore très peur d'avancer », peuvent affirmer certains individus. La personne a encore peur du vide qu'elle perçoit entre elle et la continuation de la vie. Il faut alors procéder à l'élimination de cette sensation de vide et à la solidification de sa structure psychologique.

Il n'est absolument pas nécessaire de connaître tous les tenants et aboutissants qui ont créé cette sensation de vide, car elle découle de milliers d'événements, situations, expérimentations, perceptions et illogismes. Le seul point essentiel est de réaliser qu'elle existe *ici et maintenant*. Pour le cerveau, le vide est présent et il représente un danger. Le fait de lui répéter jour après jour que ce vide n'existe pas ne parvient pas à le convaincre que tel est le cas. Il est persuadé que ce vide existe et il faut jouer son jeu. « Le vide existe ? Parfait ! Nous le remplirons. » Et... il aime bien ce jeu.

Pour faciliter le travail sur la disparition du vide et la solidification de la structure psychique, la psychologie chirurgicale propose de la rendre plus visible en lui accolant une image à laquelle le cerveau peut l'identifier. Elle utilise donc l'imagerie mentale pour réparer le cœur psychique tout comme elle le fait avec les cancers et les abcès psychologiques. Les images choisies sont simplement différentes parce qu'elles sont spécifiques à chaque problématique. Dans le cas de l'insuffisance et des infarctus psychologiques, l'image retenue est celle d'une route parce que celle-ci présente une forte analogie avec la vie, et que la structure qui sous-tend une route se compare à l'ensemble de notre structure psychologique.

La structure psychologique à l'image d'une route

Pour mieux visualiser la structure psychologique, sa participation essentielle dans la capacité d'avancer de l'être humain, les dommages qui y sont causés par les blocages psychologiques et le danger que représente son effondrement, nous pouvons effectuer une comparaison entre cette structure et celle des artères routières que l'on rencontre dans la réalité quotidienne. Nous utilisons déjà cette allégorie route/vie dans le langage courant lorsque nous parlons, entre autres, de la route de notre vie, du chemin que nous avons à parcourir dans la vie ou d'une route semée d'embûches, et aussi lorsque nous considérons que nous sommes sur une pente descendante ou à la croisée des chemins.

Voyons d'abord, sous forme de tableau, les points de comparaison qui permettent au cerveau d'accepter comme étant logique l'analogie entre la vie et la route.

ANALOGIE ROUTE/VIE

LA ROUTE	LA VIE
Permet de se déplacer d'un point A à un point B.	Permet de cheminer de la naissance à la mort.
Alterne des segments droits et d'autres sinueux.	Alterne les moments de calme et d'agitation.
Présente certaines pentes ascendantes.	Demande parfois des efforts soutenus.
Présente certaines pentes descendantes.	Peut provoquer des périodes de fatigue et du découragement.
Compte des courbes plus ou moins prononcées vers la droite et vers la gauche.	Entraîne des tournants conservateurs ou plus audacieux.
Se profile dans un environnement ensoleillé, sombre ou pluvieux.	Alterne les périodes de bonheur, de difficulté et de tristesse.
Offre parfois un champ de vision limité.	Propose parfois un avenir inconnu ou incertain.

Nous voyons ainsi qu'une route et la vie présentent plusieurs ressemblances dans la perception qu'a le cerveau de ces deux éléments *visibles*. Mais les similitudes ne s'arrêtent pas là. Le cerveau accepte également la correspondance entre les structures *invisibles* sur lesquelles reposent, d'une part, une route et, d'autre part, la capacité d'avancer de l'être humain.

Pour mieux comprendre comment l'utilisation d'un concept de route peut servir à réparer une structure psychologique, il est important de réaliser d'autres analogies existant entre les deux organisations.

- Une route repose sur une structure faite de roc, de terre, de sable et de gravier alors que la structure psychologique qui permet à une personne de traverser la vie repose sur des certitudes, des valeurs morales, la confiance, l'estime de soi, l'espoir, les rêves d'avenir et l'intérêt pour la vie.
- La partie visible d'une route est constituée d'asphalte, de pierre concassée ou de terre battue et est en plus ou moins bon état alors que la partie visible de la structure psychologique passe par les attitudes, les comportements et l'humeur plus ou moins adéquats.
- La structure routière peut être endommagée par les inondations, les tremblements de terre, les gels et dégels de même que par les infiltrations d'eau, causant des affaissements, des trous, des failles, des tronçons emportés ou des nids-de-poule. Quant à elle, la structure psychologique peut subir des dommages causés par les épreuves, les chocs émotifs, les inquiétudes et les doutes, occasionnant un affaiblissement, une incapacité d'avancer, une sensation de vide intérieur et de l'instabilité.

- Lorsque la solidité du fond sur lequel repose une route est amoindrie par les infiltrations et des secousses diverses, elle risque de s'affaisser. Il y a la même menace d'effondrement chez l'être humain lorsque sa structure psychologique est affaiblie par la diminution ou la perte des certitudes, de l'estime de soi, de l'espoir et de l'intérêt envers la vie.

Réfection de la structure

Par une visualisation appropriée, la psychologie chirurgicale donne au cerveau la marche à suivre pour déprogrammer le trou noir et reprogrammer un sentiment de solidité. En amenant le cerveau à imaginer une route détériorée et en le guidant pour la réparer, elle lui démontre le processus à suivre pour restaurer la structure psychologique globale: lorsqu'il y a un trou, un vide, il faut renouer contact avec les éléments adéquats pour effectuer le remplissage. À l'aide d'explications simples, le cerveau comprend que les éléments concrets que sont le roc, le sable, la terre, le gravier et l'asphalte utilisés pour la réfection de la route correspondent aux composantes abstraites que sont la confiance, l'espoir, les certitudes, l'estime de soi, le courage, la volonté, la capacité d'aimer, le goût du plaisir et l'intérêt pour la vie.

Parce que la comparaison est logique, le cerveau accepte très bien la métaphore entre une route et la vie humaine et peut s'en servir pour déprogrammer efficacement la sensation de vide intérieur et programmer une nouvelle solidité. La psychologie chirurgicale utilise cette analogie dans un exercice visant à redonner à une personne anxieuse ou dépressive une certaine solidité et du pouvoir sur sa propre vie.

- La personne s'imagine comme étant debout sur une route qui s'étend devant elle et qui se dirige vers l'horizon. Elle y est seule et aucun véhicule n'y circule.

- Elle imagine qu'à quelques mètres devant se trouve un affaissement de la chaussée ou un trou plus grand causé par le fait qu'un tronçon de la route a été emporté. Elle évalue les paramètres de la cavité en termes de largeur, longueur et profondeur. Le trou peut apparaître petit et relativement peu profond, tout comme il peut s'avérer de taille moyenne ou encore immense et presque sans fond. Les dimensions du trou de la route indiquent l'ampleur et la profondeur de la détresse vécue par un individu.

- Les personnes aux prises avec la dépression, l'épuisement professionnel ou un fort stress post-traumatique ont parfois de la difficulté à visualiser le trou dans la route. La situation provient du fait qu'elles n'ont pas l'impression d'être devant la faille, mais plutôt dans le fond de ce trou. Elles doivent s'imaginer comme étant dans le fond de la faille, regardant vers le haut pour voir un peu de lumière. Elles doivent ensuite visualiser une équipe de sauveteurs qui vient à leur rescousse, descend les chercher avec des câbles et des harnais de sécurité et les remonte à la surface de la route.

- Il faut effectuer un travail de réfection. Le trou doit disparaître, car il représente un danger. Il s'agit de mettre l'imagination au travail.

- La personne imagine des camions à benne qui déversent de grosses pierres dans le trou et des bétonnières qui laissent couler du béton entre ces pierres afin de les sceller ensemble, leur permettant de former un bloc monolithique très solide. Selon la profondeur du trou, le travail peut s'effectuer en une seule étape ou en plusieurs couches successives.

- Lorsque le trou de la route est complètement rempli de pierre et de béton, il reste à tester la solidité de la réparation. La personne visualise de gros camions circulant sur la portion réparée. Si la route tient bien le coup, elle passe à l'exercice de finition. S'il se produit de petits affaissements, elle ajoute de la pierre et du ciment jusqu'à sa complète stabilité.

- Elle imagine ensuite une belle couche de finition faite d'asphalte et fait tracer des lignes blanches ou jaunes qui serviront de repères et de balises.

- Elle a dorénavant accès à la partie de la route qui était jusque-là inaccessible et qu'elle peut parcourir à grandes enjambées ou à petits pas selon l'envie qu'elle en a.

Cet exercice de réparation du trou dans une route constitue une demande au cerveau de faire disparaître la sensation de vide intérieur. Les pierres utilisées correspondent aux certitudes de l'individu, à ses valeurs morales, à la confiance, l'espoir, l'estime de soi, etc., alors que le béton représente l'esprit logique nécessaire pour maintenir la soudure entre ces divers éléments de fond. Pour sa part, la couche de finition fait référence à la partie visible de la personnalité en termes de pensées, d'attitudes et de communication. Les lignes blanches ou jaunes réfèrent au besoin de la personne de posséder des balises de comportement. Il faut donc apporter un soin particulier à la finition de la route puisque, pour le cerveau, elle représente ce que la personne souhaite être à l'avenir.

Lorsque la réfection de la route est effectuée, il n'est nul besoin d'y revenir par la suite. Le cerveau a intégré la programmation et, sur une période de quelques semaines, il redonne subtilement à la personne l'accès à ses forces vives.

Nous ne savons pas exactement quand ou comment le cerveau a construit et emmagasiné ces constituantes, mais lui le sait. Lorsqu'un blocage, une problématique d'insuffisance ou un infarctus psychologiques se produisent, certains relais neurologiques sont possiblement débranchés, mais le cerveau sait comment les connecter à nouveau pour reprendre le contact avec ces facteurs positifs. L'intervention psychologique basée sur la métaphore route/vie permet d'indiquer au cerveau ce qu'on attend de lui au niveau psychique et de lui donner une marche à suivre pour accéder à notre demande.

Intervention psychochirurgicale sur les infarctus psychologiques de Caroline R., Marcel D. et Laura F.

À chaque étape de ce livre, nous avons suivi Caroline R., Marcel D. et Laura F. dans leur lutte contre le cancer psychologique, dans les soins qu'ils ont dû apporter aux abcès qui en avaient découlé et dans la manière dont leur structure globale a été affectée par l'insuffisance psychologique et la sensation de vide intérieur. Il nous reste à voir comment la psychologie chirurgicale a permis à chacun de procéder à la réfection finale avec l'imagerie de la route.

Caroline R.

Pour combler la sensation de vide intérieur qui l'empêche de vivre pleinement et la pousse à la panique, Caroline a accepté de procéder à l'exercice d'imagerie mettant en scène une route à réparer.

- Elle s'est imaginée debout sur une route de campagne qui s'étendait vers l'horizon.
- À quelques mètres devant, elle a visualisé un trou laissé par un tronçon de route emporté. Elle a évalué les dimensions du trou qui traversait la route sur toute sa largeur et se prolongeait au-delà des fossés. Le trou faisait de trois à quatre mètres de longueur, alors que la profondeur avoisinait les vingt mètres. Je l'ai amenée à réaliser que si elle se trouvait devant un tel précipice, dans la réalité, elle refuserait d'avancer puisqu'une chute dans un si grand vide constituerait une menace de mort ou à tout le moins de blessures très graves.
- Sans même qu'elle en ait conscience, Caroline était alors en contact avec l'ampleur et la profondeur de sa détresse.
- Elle a vu la route qui continuait de l'autre côté de la faille et décidé qu'elle aimerait y avoir accès. Le seul moyen d'y parvenir était de faire disparaître ce trou, de réparer la route, ce qu'elle choisit de faire.

- Inconsciemment, elle cherchait à avoir accès à la suite de sa vie, celle qui continuait de l'autre côté du vide.

- Elle a imaginé que plusieurs camions à benne basculante arrivaient sur la route et déversaient de grosses pierres dans le trou, couvrant le fond sur une hauteur de cinq mètres. Des bétonnières ont ensuite déversé du ciment qui s'est infiltré entre les roches et les a scellées ensemble, formant un bloc solide.

- Elle a ainsi effectué quelques couches successives de la texture pierres/ciment jusqu'à ce que le trou soit presque complètement comblé à l'exception d'un espace d'une vingtaine de centimètres destiné à l'application de la couche de finition.

- Sans qu'elle le sache à ce moment, l'allégorie permettait à Caroline de demander à son cerveau de récupérer ses forces, sa volonté, son courage, sa confiance et autres éléments avec lesquels elle avait perdu le contact et de les sceller ensemble avec la logique.

- Elle a ensuite effectué un test de résistance en faisant circuler de gros camions sur la partie réparée. La structure de la route a tenu bon et était désormais bien solide.

- La réussite du test de résistance indiquait à Caroline que son cerveau avait bien compris la commande et qu'il acceptait de la remplir.

- La réfection s'est terminée par l'application d'une couche de gravier suivie d'une couche d'asphalte sur laquelle ont été appliquées des lignes blanches et jaunes qui représentaient les balises nécessaires à une avancée plus sécuritaire.

- Caroline a ensuite imaginé qu'elle marchait sur la partie réparée et qu'elle s'y sentait à l'aise et en sécurité. Elle a avancé jusqu'à la nouvelle partie de la route à laquelle elle avait désormais accès, route qu'elle a vue belle et ensoleillée.
- Le travail de réfection était terminé. La sensation de vide était déprogrammée et une solidité nouvelle était maintenant planifiée.

Le cerveau de Caroline a effectué les modifications subtilement et tout en douceur. Les attaques de panique ont d'abord diminué et sont ensuite disparues en quelques semaines. Non seulement avait-elle retrouvé une route solide, mais elle n'avait plus à tenir compte des panneaux de signalisation nocifs représentant les fausses croyances-équations et à transporter le lourd bagage que constituaient les peurs, peines, doutes et autres éléments négatifs accumulés. Lorsque j'ai revu Caroline, un an plus tard, elle m'a raconté être lentement sortie de l'agoraphobie, avoir finalisé le deuil de sa mère, retrouvé sa pleine capacité de travail et vu la flamme se raviver entre elle et son mari. Elle effectuait à nouveau de nombreux déplacements dans le cadre de son emploi et la solitude ne l'effrayait plus. La nouvelle route qui s'offre à elle présentera sûrement des courbes, des pentes, des nids-de-poule et des petites crevasses, mais elle sait dorénavant qu'elle est outillée pour les aborder et y remédier. Elle a retrouvé la solidité.

Marcel D.

Pour combler la sensation du vide appréhendé, faire disparaître l'insuffisance de motivation qui l'empêchait encore de vivre pleinement et programmer un nouveau sentiment de solidité et de sécurité, Marcel a également procédé à l'exercice d'imagerie route/vie.

- Il s'est imaginé sur une route bordée de champs et d'arbres.
- Quelques mètres plus loin, il a visualisé un trou qui, sans être très long, occupait cependant toute la largeur de la route et avait une profondeur d'environ dix mètres. Le fond du trou était boueux et, sur ses parois, il voyait de longues traces blanches qu'il associait à la cocaïne.
- Le cerveau de Marcel a ainsi mis en image la crainte qu'il avait d'être à nouveau attiré par la substance, de succomber à la tentation et de débouler à nouveau au fond du trou noir.
- Il a regardé attentivement la route, décidé de la réparer et d'éliminer le danger que représentait la faille.
- Il a imaginé des camions remplis de pierres et des bétonnières versant alternativement leur cargaison dans le trou afin de le remplir. Celui-ci a disparu lentement, de même que les traces blanches qui se trouvaient sur les parois.
- Il a fait appliquer une couche d'asphalte et de lignes jaunes disant, avec un sourire, qu'il préférait ne plus avoir de lignes blanches dans sa vie…

- Il a d'abord hésité à avancer sur la portion de route réparée, pour ensuite s'imaginer y effectuer quelques pas prudents. Réalisant la nouvelle solidité de la voie, il s'est vu y courant et y sautant à pieds joints. Il disait se sentir comme un enfant heureux.
- Il venait de renouer le lien avec la partie de sa personnalité capable d'émerveillement, de confiance et d'intérêt à la vie.
- Il m'a dit avoir envie d'avancer sur cette nouvelle route parce qu'il la voyait belle et sécurisante, mais qu'il souhaitait le faire lentement, question de goûter pleinement tous les plaisirs qu'il rencontrerait à l'avenir.

Suite aux interventions effectuées grâce à la psychologie chirurgicale, Marcel accepte plus facilement le déplaisir, ne craint plus autant d'avancer et essaie de profiter des petits bonheurs que lui offre la vie : il a récupéré un certain plaisir de vivre. Il ne se sent plus constamment tiré vers l'arrière et il est dorénavant persuadé que même si la vie n'est pas toujours facile, la nouvelle solidité qu'il ressent l'empêchera de tomber aussi bas qu'il l'a fait par le passé. Et, plus que tout, il en a pratiquement terminé avec le ressentiment.

Laura F.

Après avoir éradiqué les tumeurs de son cancer psychologique et évidé l'abcès psychique entretenu par le perfectionnisme, il restait à Laura à reprogrammer ses certitudes, le respect d'elle-même et son estime personnelle ainsi qu'à renouer contact avec l'espoir, le sentiment de sécurité, la confiance en soi et sa capacité de croire à nouveau en la beauté de la vie. Pour permettre à son cerveau de reprogrammer rapidement les éléments manquants et de faire disparaître la sensation de vide, nous avons également fait appel à l'intervention psychochirurgicale basée sur l'imagerie route/vie.

- Elle a d'abord visualisé une autoroute à quatre voies, style de route sur laquelle il est possible d'effectuer de grandes performances de vitesse.
- Ce choix de route démontrait qu'il restait des réminiscences à son désir de performance absolue.
- Elle a ensuite essayé d'imaginer un trou sur la route, mais n'y parvenait pas, l'image de route disparaissant alors complètement.
- Cette image qui disparaissait était un message du cerveau de Laura, qui signifiait qu'elle n'était pas devant le vide. Lorsqu'une telle résistance apparaît, il faut suspecter que la personne n'est pas confrontée au vide intérieur, mais qu'elle y a plutôt basculé.
- Lorsque je lui ai suggéré qu'elle se trouvait peut-être au fond de la faille plutôt qu'à ses abords, elle a retrouvé immédiatement ses images mentales. Elle s'est vue au fond d'un immense trou, regardant vers le haut et ne voyant au loin qu'un coin de ciel bleu.
- Laura était ainsi en contact étroit avec la sensation d'être prisonnière de son vide intérieur et son incapacité à atteindre la joie.
- À ma suggestion, elle a imaginé qu'une équipe de sauvetage venait à sa rescousse et la remontait à la surface.

- L'analogie avec une équipe de sauvetage référait inconsciemment aux forces mentales et morales qui habitaient encore Laura, mais avec lesquelles elle avait perdu le contact.

- À quelques mètres de la sortie, elle m'a dit ne pas pouvoir continuer, car la lumière était beaucoup trop forte après son long séjour dans la noirceur et qu'elle souhaitait même redescendre un peu.

- Laura savait que dès sa sortie du trou noir, elle retrouverait contact avec la route et donc, par analogie, avec la vie. Sa résistance relevait de la peur de vivre qu'elle avait si longtemps éprouvée, et il fallait contourner cette résistance.

- Je lui ai suggéré d'imaginer mettre des verres fumés pour atténuer la force de la lumière. Je lui ai ensuite mentionné que la priorité était d'enfin sortir de ce trou noir et que, par la suite, elle ne serait pas obligée de prendre la route si elle ne le souhaitait pas. La résistance est tombée et elle a pu continuer l'exercice d'imagerie.

- Lorsqu'elle est parvenue à la surface, elle a pris une grande inspiration et poussé un profond soupir de soulagement. Je lui ai demandé si elle acceptait de faire disparaître cette faille. Elle a regardé l'intérieur du trou et a dit ne plus jamais vouloir se retrouver dans ce trou noir sale et effrayant.

- Ici, Laura a réussi à prendre le recul nécessaire face à son sentiment de vide intérieur. Elle s'en est extraite, peut le percevoir dans son ensemble et refuser consciemment d'y glisser à nouveau.

- Elle s'imagine faire couler des tonnes de béton dans la faille de la route et faire placer une immense plaque d'acier recouvrant le dessus de la crevasse.

- Lorsque la réparation est terminée, elle déclare ne pas aimer vraiment cette autoroute, car elle est beaucoup trop grande et trop rapide.

- Cette remarque dénotait qu'elle ne voulait plus de l'ancienne vie marquée du sceau de la performance absolue.

- Tout près du tronçon réparé, elle visualise une sortie menant à une route à deux voies qui lui apparaît beaucoup plus calme et sécuritaire, une route bien balisée et relativement droite. Elle s'y dirige.

- Dès qu'elle l'atteint, elle ressent une paix profonde.

- En réalité, cette autre route ressemblait beaucoup à ce que Laura était en train de devenir et elle se sentait prête à s'engager dans cette nouvelle voie.

Le cerveau de Laura a bien compris le message et, au fil des semaines, sans qu'elle ait d'efforts à fournir, une solidité nouvelle s'est installée, stabilité qu'elle peut percevoir dans une capacité nouvelle d'avancer et de trouver du plaisir à la vie. Elle réoriente sa carrière et elle a plusieurs projets en tête qu'elle prend le temps de mettre en place. En traitant son propre perfectionnisme, elle a beaucoup diminué les fortes exigences qu'elle avait envers sa fille adolescente, ce qui a amélioré leur relation. Elle ne ressent plus l'urgence de vivre et essaie de prendre conscience de chacun des petits bonheurs quotidiens que lui apporte sa nouvelle vie.

L'exercice d'imagerie route/vie s'applique sans exception à toute personne qui vit une problématique anxieuse et, comme nous avons pu le voir, les grandes lignes directrices du procédé sont les mêmes pour tous. L'exercice psychochirurgical ne change absolument pas les bases de la personnalité des individus et ne cherche pas à en faire des êtres parfaitement heureux. Chacun a sa structure psychologique propre qui est basée sur un apport inné et sur celui de son environnement, sur ses apprentissages, ses expériences et ses perceptions. La psychologie chirurgicale offre simplement à chacun l'opportunité de retrouver pleinement le goût et le plaisir de vivre tout en demeurant soi-même.

Conclusion

Par les analogies qu'elle propose avec des problèmes physiques comme le cancer, les abcès et maladies cardiaques, la psychologie chirurgicale permet une vision plus globale et concrète de la psyché humaine et une meilleure compréhension des dérèglements qui la touchent parfois.

Pour résumer la vision offerte par la psychologie chirurgicale, nous savons que le terme *cancer psychologique* réfère aux désordres que peuvent engendrer la sensation de mal-être, l'anxiété et l'angoisse, la souffrance morale, le découragement ainsi qu'une diminution du plaisir de vivre, et qu'il pousse à développer une perception négative de la vie, des autres et de soi. Ces cancers qui s'attaquent à l'esprit humain sont générés par les tumeurs psychologiques que sont les fausses croyances-équations dont certaines sont innées et d'autres acquises durant les premières années de la vie, qui s'installent dans le système de pensée, s'affermissent et perdurent, demeurant résistantes à l'appel de la logique. Ces tumeurs se développent, envahissent le champ de la pensée et distordent les perceptions ainsi que les capacités logiques d'analyse et de synthèse. Elles provoquent, entre autres, l'insatisfaction, la déception, l'impression de danger, la soumission ou le besoin de contrôle, ainsi que des attitudes telles que le perfectionnisme, la dépendance affective et la tendance à la frustration.

Souffrir d'un cancer psychologique se traduit notamment par le fait d'être aux prises avec une incapacité de profiter pleinement de la vie et de manquer d'intérêt envers celle-ci, d'éprouver de la souffrance morale, d'être en lutte avec soi-même ou de vivre des patterns d'échec et d'autodestruction. Les cancers psychologiques détruisent l'équilibre entre les émotions et la logique, sabotent l'estime de soi et la confiance en la capacité d'assumer sa vie. Ils ont toujours existé, mais ils s'attaquaient auparavant à une mince couche de la population. Cependant, depuis quelques décennies, ils ont pris une ampleur sans précédent et, tout comme les cancers physiques, ils affectent toutes les couches de la population et tous les groupes d'âge.

La présence de fausses croyances-équations et le déséquilibre qu'elles engendrent prédisposent l'individu à l'apparition de nombreuses peurs irrationnelles qui constituent autant de sources d'infection de la pensée et du comportement. Ces peurs irrationnelles ont le pouvoir de créer des peurs associées, de la peine, de la colère, des doutes, de la honte, de la mésestime personnelle, ainsi que des sentiments d'incompréhension, d'injustice, de culpabilité et d'impuissance qui s'amalgament, pourrissent et risquent de causer de graves abcès psychologiques. L'abcès psychologique peut provoquer la méfiance, la détresse, l'autodestruction, la haine de soi et d'autrui, l'apitoiement sur soi ainsi que l'incapacité à finaliser un deuil ou une rupture affective. L'abcès psychologique se vide rarement complètement par lui-même. Lorsque la douleur est trop intense, l'abcès crève et laisse écouler une partie de la pression, ce qui se traduit principalement par des troubles de l'humeur et par divers désordres reliés à la colère tels que le ressentiment, l'agressivité, les explosions de rage, la susceptibilité ou la révolte.

La personne atteinte d'un cancer et/ou d'abcès psychologiques ressent une grande souffrance morale qui peut lui faire voir la vie comme étant très éprouvante et, de ce fait, plutôt effrayante. Des peurs exacerbées de vivre, de souffrir et de mourir peuvent ainsi bloquer la circulation de la joie et du bonheur et limiter le désir de vivre. Apparaissent alors des désordres majeurs tels que l'angoisse constante, la dépression, l'épuisement professionnel et le stress post-traumatique qui se traduisent par un manque de motivation, de volonté et de courage, une perte d'espoir, une fermeture aux autres et possiblement même un désir de mourir. La psychologie chirurgicale effectue un travail direct sur la peur de vivre ainsi que sur les peurs de souffrir et de mourir qui sous-tendent la première, afin qu'elles cessent de pousser plus avant la destruction du cœur psychologique.

Les fausses croyances-équations, les peurs irrationnelles et la peur de vivre sont donc les trois composantes majeures à la base des désordres psychologiques, trois sources qui peuvent être modifiées directement pour permettre des changements fondamentaux et accélérés au niveau du mode de pensée, des attitudes et des comportements. Comme les cancers psychologiques peuvent créer des troubles associés tels que les abcès et les infarctus psychologiques, il est essentiel de traiter les tumeurs causées par les fausses croyances-équations qui modèlent les modes de pensée de manière inadéquate. Un travail ultérieur sur le contenu infectieux des abcès et les peurs à la base des infarctus psychologiques peut s'avérer nécessaire. Dans les études de cas de Caroline R., Marcel D. et Laura F., que nous avons présentées au fil de cet ouvrage, le processus a respecté la même chronologie à savoir : traiter d'abord les cancers, puis les abcès et enfin l'insuffisance et les infarctus. Cependant, la psychologie chirurgicale peut adapter l'ordre des interventions selon les besoins. Ainsi, dans le cas d'une dépression majeure ou d'un fort stress post-traumatique, il peut être nécessaire de traiter en priorité l'infarctus par l'exercice psychochirurgical route/vie et de redonner à la personne atteinte un meilleur sentiment de solidité. Il en va de même chez quelqu'un souffrant d'un abcès psychologique très douloureux. Celui-ci devra être soulagé avant quelque autre intervention. Lorsque la douleur et la détresse s'atténuent, les personnes sont ensuite mieux disposées à effectuer un travail sur les fausses croyances-équations à la base de leur cancer psychologique.

Lorsqu'une personne a simplement besoin de parler, d'être écoutée ou d'être guidée temporairement pour mieux faire le point sur sa vie, la psychologie traditionnelle peut répondre à son besoin. Cependant, si elle souffre d'anxiété généralisée, d'angoisse ou de divers désordres psychologiques récurrents, on doit lui offrir des outils qui lui permettront de retrouver un équilibre de vie et une solidité psychologique dans les plus brefs délais. C'est ce que propose cette intervention ciblée qu'est la psychologie chirurgicale. Ce même service devrait également être accessible à tous ceux et celles qui sont aux prises avec des troubles de panique, du ressentiment, de l'apitoiement sur soi, de la mésestime personnelle, de l'incapacité de finaliser une rupture ou un deuil, de la dépression, du stress post-traumatique ou de l'épuisement professionnel.

Avec l'approche chirurgicale, la psychologie peut dorénavant se montrer aussi efficace auprès de ceux qui souffrent de désordres psychologiques que la médecine l'est auprès des malades affectés par différents cancers, infections ou problèmes cardiaques.

En s'en tenant aux approches traditionnelles et aux résultats mitigés qu'elle obtient, la psychologie peut faire le choix de laisser proliférer le mal-être, la démotivation et même un cynisme croissant face au sens de l'existence et aux raisons qui devraient nous pousser à vivre. Les troubles anxieux, la dépression, l'épuisement professionnel, la frustration, la violence ainsi que le taux de suicide continueront de progresser. Si nous persistons à croire que la psychologie est un phénomène compliqué, qu'il n'y a pas de solution facile, que nous sommes assujettis à un désillusionnement collectif, qu'il est normal de se fermer au monde extérieur quand la vie semble trop difficile, ou encore que la seule solution valable aux malaises psychologiques passe par ces milliards de petits comprimés anxiolytiques de tout acabit, la situation ne pourra qu'empirer.

Cependant, avec l'approche chirurgicale, la psychologie peut faire une réelle différence. Non seulement peut-elle aider tous les adultes à s'extraire rapidement d'une sensation de marasme psychologique, mais, par une intervention ponctuelle, facile, rapide et efficace, elle permet d'éliminer les tumeurs et les sources d'infection psychologique chez les enfants dès leur jeune âge. Elle a ainsi le pouvoir de leur éviter, dans la poursuite de leur vie, tous ces désordres psychologiques qui sont devenus endémiques dans nos sociétés modernes.

Table des matières